Arno Waschkuhn / Gerhard Wegner

Reflexiver Liberalismus als politische Option

Erfurter Beiträge zu den Staatswissenschaften

UNIVERSITÄT ERFURT

Herausgegeben
von
Frank Ettrich, Arno Scherzberg,
Gerhard Wegner

Heft 7

W DE G
RECHT

De Gruyter Recht · Berlin

Reflexiver Liberalismus als politische Option

Von

Arno Waschkuhn/Gerhard Wegner

RECHT

De Gruyter Recht · Berlin

Gedruckt auf säurefreiem Papier,
das die US-ANSI-Norm über Haltbarkeit erfüllt.

ISBN 978-3-89949-475-4

Bibliografische Information Der Deutschen Bibliothek

Die Deutsche Bibliothek verzeichnet diese Publikation in der Deutschen Nationalbibliografie; detaillierte bibliografische Daten sind im Internet über http://dnb.ddb.de abrufbar.

Printed in Germany

Konvertierung/Satz: DTP Johanna Boy, Brennberg
Umschlaggestaltung: Christopher Schneider, Berlin
Druck und Bindearbeiten: Druckhaus Köthen GmbH, Köthen

Heidi Waschkuhn gewidmet

Vorwort

Der vorliegende Band dokumentiert ein intellektuelles Kooperationsvorhaben zweier sozialwissenschaftlicher Nachbardisziplinen. Die Autoren haben sich vorgenommen, das Konzept eines reflexiven Liberalismus aus einer politikwissenschaftlichen sowie aus einer institutionenökonomischen Perspektive auszuleuchten, um damit zwei üblicherweise getrennte theoretische Betrachtungsweisen mit kaum vorhandenen wechselseitigen Bezugnahmen füreinander fruchtbar zu machen. Aus zahlreichen gemeinsamen Diskussionen und Gesprächen ist zwischen den Autoren dieses Bandes die Überzeugung entstanden, dass es sich um ein lohnenswertes, neuartiges Projekt handelt: die Bedingungen und Chancen demokratischer Politik vor dem Hintergrund entwicklungsoffener Handlungskontexte zu erörtern, welche dynamische Märkte konstituieren. Dabei geht es uns um die Überwindung einer in beiden Disziplinen oft vorhandenen Vorstellung: während in politikwissenschaftlichen Diskursen Marktprozesse der Tendenz nach als ein einzuhegendes, die Demokratie behinderndes Phänomen betrachtet werden, haben Ökonomen in der repräsentativen Demokratie häufig umgekehrt eine Bedrohung für wirtschaftlichen Wohlstand gesehen. Dabei wird die Fähigkeit von Demokratien übersehen, gravierende wirtschaftspolitische Irrtümer zu reflektieren und daraus Konsequenzen zu ziehen, wie man vielleicht am deutlichsten an der erfolgreichen Bekämpfung der Inflation in den westeuropäischen Wohlfahrtsstaaten seit Ende der siebziger Jahre erkennen kann. Im Unterschied zu solchen in ihren jeweiligen Disziplinen geäußerten Vorstellungen vereint die Autoren die Überzeugung, dass Marktwirtschaft und Demokratie – trotz eines immer wieder spannungsreichen Verhältnisses – letztlich eine „Zwillingsidee" darstellen, welche freiheitliches Handeln in zwei unterschiedlichen Handlungssphären ermöglicht.

In gewisser Weise markiert das Projekt einen Anfang und konnte nicht in der beabsichtigten Weise abgeschlossen werden. Im Januar 2006 verstarb Arno Waschkuhn für alle unerwartet. Er übersandte mir noch ein ausgearbeitetes Manuskript, das den politikwissenschaftlichen Teil des vorliegenden Bandes betrifft und welches ich hier posthum veröffentliche. Es war nicht mehr möglich, einen gemeinsamen dritten Teil zu verfassen, der die zuvor disziplinär entfalteten Perspektiven zu einer Gesamtschau weiterführt.

So werden im Folgenden nacheinander eine institutionenökonomische und eine politikwissenschaftliche Perspektive vorgestellt. Dabei bringt Arno Waschkuhn in seinem Beitrag, besonders im Schlussteil, ein prononciert emphatisches Verständnis von Demokratie zum Ausdruck, welches diese als ein anspruchsvolles Zivilisationsprojekt moderner Gesellschaften darstellt. Sein Text bezieht sich auf eine voranzustellende insititutionenökonomische Darlegung, die ich Arno Waschkuhn in Gesprächen vorgestellt und detailliert beschrieben hatte. Inzwischen habe ich meine Ideen gegenüber meinen damaligen Vorstellungen erweitert, wodurch sie mir jetzt passfähiger zum grundsätzlicher angelegten politikwissenschaftlichen Teil zu sein scheinen. Ich hoffe, dass die Erörterung des reflexiven Liberalismus aus ökonomischer und politikwissenschaftlicher Perspektive auch zu gegenwärtig geführten Diskussionen um den Inhalt einer deliberative Demokratie beitragen wird.

Der wissenschaftliche Austausch mit Arno Waschkuhn war mir stets eine Quelle der Inspiration und intellektuellen Bereicherung. Ich erinnere mich dankbar an einen großartigen Menschen und wissenschaftlichen Kollegen, der mir in Erfurt rasch zum Freund geworden ist.

Erfurt, Sommer 2007 Gerhard Wegner

Inhaltsverzeichnis

I. Reflexiver Liberalismus als Politische Option – eine institutionenökonomische Perspektive

Einführung

„Reflexion" und „Deliberation" waren bis vor kurzem theoriefremde Begriffe im Rahmen ökonomischer Begründungsmuster für Politik. Erst im Rahmen der vertragstheoretischen Erneuerung des ökonomischen Liberalismus ist allmählich erkannt worden, dass aus theorieimmanenten Gründen heraus liberale Politik nicht als Blaupause für eine Gesellschaft konzipiert werden kann, sondern an den Überzeugungen und Meinungen des Souveräns einer Demokratie anschließen muss und damit ein Moment von Kontingenz erfährt. Das Anliegen des ökonomischen Liberalismus, das Erreichen größtmöglichen Wohlstands, kann nach vertragstheoretischer Auffassung nicht mehr deduktiv, als logische Ableitung von Politiken aus übergreifenden gesellschaftlichen Zielen, eingeführt werden, ohne gegen die Grundannahmen liberalen Denkens zu verstoßen, wonach Individuen eigenverantwortlich über ihre Lebensverhältnisse bestimmen sollten: denn eine deduktive Ableitung von Politiken beansprucht für ihre gewonnenen Resultate unabhängig von Überzeugungen der Individuen Geltung. Sollen die Individuen aber als Ko-Autoren von Politik wirken, müssen Ableitungen dessen, was eine wohlfahrtsbefördernde Politik ausmacht, nicht nur wohlbegründet sein; ihre Begründungen haben den Gesellschaftsmitgliedern auch einzuleuchten. Eine politische Konzeption, die für sich in Anspruch nimmt, eine dem Wohl der Gesellschaftsmitglieder bestmögliche Politik zu entwerfen, muss sich irgendwie dazu äußern, wie sie sich zu den kontingenten Überzeugungen dieser Gesellschaftsmitglieder verhält. Denn diese hegen im allgemeinen konservative, sozialdemokratische, nationale, kosmopolitische, feministische, links-alternative oder ökologische Überzeugungen; im allgemeinen nehmen alle für sich in Anspruch, ihre eigenen politischen Überzeugungen gegenüber anderen rechtfertigen zu können, d.h. als bessere Alternative auftreten zu können. Deshalb finden sich Vertreter eines ökonomischen Liberalismus im Rahmen demokratischer Diskurse als Minderheit wieder, da sie die anderen Gesellschaftsmitglieder nicht auf Anerkennung von „besseren" Argumenten verpflichten können, wenn es um die Suche nach besten Politiken zur Beförderung des allgemeinen Wohls geht. Liberale Konzeptionen müssen sich deshalb dem Spannungsverhältnis aussetzen, dass sie einerseits eine wohlbegründete Politik im Dienste der Individuen darlegen, andererseits aber die Präferenzen von Individuen in Bezug auf Politiken offen halten müssen. Ein solches Spannungsverhältnis manifestiert sich im Gegensatz zwischen ökonomischem und politischem Liberalismus.

Die folgenden Überlegungen stellen diesen Gegensatz heraus und versuchen, eine Synthese zu entwickeln. Sie wird auf eine experimentierende, erfahrungsoffene und erfahrungsverarbeitende Gesellschaft hinauslaufen. Man sollte dies nicht als eine „3. Wegs-Konzeption" missverstehen, da man letztlich auch von dieser nicht im Vorhinein sagen kann, ob sie die Zustimmung der Gesellschaftsmitglieder findet. Vielmehr geht es darum, das Anliegen des Liberalismus in einer Weise zu vertreten, welche eine Verdinglichung der Märkte zurückweist und diese letztlich als zusammengefassten Ausdruck vielzahliger Handlungen von Individuen begreift, welche als politisch Handelnde gesellschaftliche Absichten hegen und einander gut begründen könnten. Ihre eigenen Handlungen bilden indes – unintendiert – den Prüfstein für ihr politisches Wollen. Liberalismus soll darum als eine politische Konzeption verstanden werden, die thematisiert, wie sich wohlbegründetes, öffentliches Wollen auf der einen Seite und privates, eigenverantwortliches Handeln auf der anderen Seite potentiell dazwischen kommen. Für diesen Gegensatz muss eine politische Konzeption eine Lösung finden, wofür wir in diesem Bändchen den Arbeitsbegriff des „reflexiven Liberalismus" vorgehalten haben.

1. Zur Vereinbarkeit von ökonomischem Liberalismus und Demokratie

Ökonomische Konzepte von liberaler Politik verstehen sich zumeist nicht einfach als Design einer optimalen Wirtschaftspolitik, sondern argumentieren von einem umfassenden gesellschaftspolitischen Verständnis. In klassischen liberalen Konzepten handelt es sich um den Entwurf eines Gesellschaftsmodells, das sich aus seinen *Resultaten* für die Mitglieder einer Gesellschaft, nämlich deren wirtschaftlichem Wohlstand, zu rechtfertigen hat. Die demokratische Verfasstheit einer Gesellschaft und die daraus erwachsenden Legitimationsverfahren für wirtschaftspolitisches Handeln sind aus Sicht solcher klassischer liberaler Konzepte zweitrangig. Legitimation stiften allein die Resultate politischer Handlungen im Hinblick auf die Wohlfahrt einer Gesellschaft und deren Mitglieder, während die Zustimmung zu den politischen Handlungen, welche auf das Wohlfahrtsziel gerichtet sind, nachrangig ist. Ein solches klassisch liberales Verständnis folgt in vielerlei Hinsicht dem vom Liberalismus selbst kritisierten Modell eines sich aufgeklärt gebenden Staatslenkers, der sich ein Recht auf Meritorisierung empirischer individueller Präferenzen vorbehält. Es ist im Rahmen neuerer konstitutionenökonomischer Diskurse, die an vertragstheoretische Vorstellungen anknüpfen und zu deren Protagonisten vor allem Buchanan gehört, zunehmend als unzureichend und ergänzungsbedürftig befunden worden. Vor allem das Verhältnis liberaler Konzepte zur Demokratie bietet Anlass für eine kritische, in Bezug auf den Liberalismus auch selbstkritische Reflexion. Repräsentanten des klassischen Liberalismus haben nämlich eine Neigung entwickelt, die Staatsform der Demokratie zwar nicht zurückzuweisen, aber doch als potentielle Störgröße für ein politisches Modell anzusehen, in welchem die Erhöhung von Wohlstand das wünschenswertere gesellschaftliche Ziel darstellt. Als repräsentativ für eine solche, aus demokratietheoretischer Sicht problematische Bestimmung von Grundsätzen einer liberalen Gesellschaftsordnung steht die riskante Spekulation Friedrich August von Hayeks über die von ihm bejahte Möglichkeit, dass eine liberale Gesellschaftsordnung ohne Demokratie „grundsätzlich möglich" sei (Hayek, 1969, 109). Demokratie erscheint hier als eine in ein übergreifendes liberales Modell einzubauende, weil aus legitimatorischen Gründen letztlich zu akzeptierende Staatsform, welche aber im Dienste eines liberalen wirtschaftspolitischen Konzepts und dessen Entfaltung einzuhegen ist. Der Politik wird im Wesentlichen die Funktion zugewiesen, die rechtstaatlichen Voraussetzungen der Marktsphäre zu sichern, während sich der Staat als Leistungsanbieter und Regulierer größtmögliche Zurückhaltung auferlegt. Hayek liefert für seine evolutorische Neufassung des ökonomischen Liberalismus vielfältige und überzeugende Gründe, deren Tragweite aus unserer Sicht erst jüngere Rekonstruktionen aufgedeckt haben.[1] Aber er unterstellt stets, dass solche modellhaften Begründungen auch in legitimatorischer Hinsicht genügen: sie bedürfen keiner weiteren Zustimmung durch die Individuen, wenn diese sich *politisch* äußern.

---

[1] vgl. insbesondere die überzeugenden Rekonstruktionen von Ladeur (2000, 2006).

Erst neuere vertragstheoretische Weiterentwicklungen des ökonomischen Liberalismus machen hier eine Zäsur; denn sie verstehen sich gleichermaßen als Anwälte der Demokratie und des Liberalismus.[2] Kontingente Institutionen und Entscheidungsprozeduren der Demokratie werden zwar kritisch auf Verbesserungsmöglichkeiten überprüft, um dem liberalen Anliegen auf Wohlstandsverbesserung bestmöglich Geltung zu verschaffen. Aber grundsätzlich bejahen vertragstheoretische Weiterentwicklungen des ökonomischen Liberalismus die Staatsform der Demokratie: gesucht wird nach einer politischen Ordnung, welche die Ideale der Demokratie und das Ansinnen liberaler Wirtschaftspolitik gleichermaßen befördert und miteinander in Einklang zu bringen vermag. Damit stellt sich dem ökonomischen Liberalismus ein neues Thema; denn es reicht nach diesem Konzept nicht mehr aus, aus dem Wohlstandsziel allein Legitimation für eine wie auch immer beschaffene Staatsform abzuleiten. Dem Ideal der Demokratie folgend, werden Individuen als Souverän von Politik verstanden; folglich genügt es nicht mehr, sie in einer politischen Theorie lediglich als Träger von Wohlfahrt vorkommen zu lassen. Die politische Ordnung kann dann nicht mehr gegenüber einem ökonomischen Wohlstandsziel als nachrangig bewertet werden, sondern muss in ihrem Eigenwert als Ausdruck politischer Freiheit gewürdigt werden.

Das Anliegen des klassischen ökonomischen Liberalismus

Bevor wir auf das Verhältnis von Liberalismus und Demokratie eingehen, soll zunächst die Legitimationsbasis einer klassisch liberalen Politik, für deren neuere Fassung die Theorie Hayeks gelten darf, aus deren eigenem Verständnis rekapituliert werden (Hayek, 1960; 1945; 1967). Unter klassisch liberal seien dabei Politikkonzepte zu verstehen, welche gesellschaftliche Zustimmung als Rechtfertigungsgrund von Politiken verneinen, sofern die politischen Handlungen selbst, nicht aber ihre Wirkungen zu bewerten sind. Ein klassisch liberales Rechtfertigungsmodell stellt allein auf die Folgen staatlichen Handelns für die Gesellschaftsmitglieder ab

---

[2] vgl. Buchanan (1984, Kap. 1) für eine elementare Darstellung.

und erachtet dieses in dem Maße als legitim, als Individuen eine größt mögliche wirtschaftliche Besserstellung erfahren – unabhängig davon, ob sie die politischen Handlungen selbst bestimmen konnten. Diesem liberalen Modell liegt ein zivilgesellschaftliches, genauer: zivilrechtliches Gesellschaftskonzept, zugrunde, welches die Sphäre privater Vertragsbeziehungen und Kooperation als „natürlichen" Ort der Entstehung von Wohlfahrt auffasst. Bis auf Ausnahmefelder stellt die Realisation von Wohlfahrt zwar ein gesellschaftliches, aber kein staatliches Anliegen dar. Klassische liberale Konzepte empfehlen generell Staatszurückhaltung und stützen sich dabei auf zweierlei: zum einen auf ein normatives Konzept dessen, was unter gesellschaftlicher Wohlfahrt verstanden werden soll und zum anderen auf ein explikatives Marktmodell, welches die Folgen privater Tauschbeziehungen und wechselseitiger Kooperation untersucht. In normativer Hinsicht erscheint das Modell unter legitimatorischen Gesichtspunkten als voraussetzungsarm, vor allem hinsichtlich möglicher Alternativen. Der Begriff von Wohlfahrt, der dem liberalen Denken zugrunde liegt, fasst zunächst Gesellschaftsmitglieder als alleinige Träger von Wohlfahrt auf, wohingegen soziale Ganzheiten, aber auch Gruppen oder Klassen als privilegierte Wohlfahrtsempfänger abgelehnt werden. Da die Gesellschaftsmitglieder zudem definieren, was sie als Wohlfahrt empfinden, erlangen sie den Status eines „letzten Ziels" politischen Handelns. Legitim ist politisches Handeln grundsätzlich nur dann, wenn die Gesellschaftsmitglieder nach *ihrem eigenen* Urteil profitieren. Damit überformen normative liberale Modelle der Staatszurückhaltung keine Wertungen der Individuen, sondern stellen sich in deren Dienst. Individuen und ihre Interessen gelten untereinander als gleichrangig, worin ein Neutralitätsgebot des Staates gegenüber Gruppen oder Weltanschauungen zum Ausdruck kommt: mit der Ablehnung einer additiv zusammengesetzten Größe „gesellschaftliche Wohlfahrt", welche noch den Utilitarimus Benthams prägte, erhalten alle Individuen einen grundsätzlich gleichen Rang, womit staatlichen Handlungen zulasten von Individuen, aber auch zeitgenössischen Politiken einer „Positivdiskriminierung", zunächst eine Grenze gezogen wird. Daraus erwachsen allerdings auch Folgen für politische Handlungsspielräume, falls sich der Staat von seinen Bürgern Ressourcen beschaffen muss.

In positiver Hinsicht sind liberale Modelle grundsätzlich fallibel: ob ein politisches Konzept von Staatszurückhaltung auf Dauer alle Gesellschaftsmitglieder besser stellt, wird zwar modellhaft begründet;

es bedarf aber grundsätzlich einer empirischen Bestätigung. Andernfalls steht die Vorzugswürdigkeit normativer liberaler Modelle und damit auch deren Legitimation aus. Liberale Politiken empfehlen u.a. eine maßvolle Verschuldungspolitik der öffentlichen Haushalte, eine Zurückhaltung bei der Regulierung privatwirtschaftlicher Tätigkeiten, die Akzeptanz des wirtschaftlichen Strukturwandels oder eine Politik stabilen Geldwertes. Rechtfertigen müssen sich diese Politikempfehlungen durch ihre empirischen Wohlfahrtswirkungen bei den Adressaten des Liberalismus, d.h. den Gesellschaftsmitgliedern, nicht aber durch modellhafte Begründungen. In Bezug auf die behaupteten Wirkungen bleiben Individuen jene letzte Instanz, welche darüber befindet, ob liberale Wirtschaftspolitiken Wohlfahrt in der Gesellschaft tatsächlich zu steigern vermag. In diesem Fall wäre der Anspruch auf Legitimität im Sinne liberaler Normen zu Recht erhoben.

Klassisch liberale Politiken müssen sich also in der hier beschriebenen Weise einem Test aussetzen. Allerdings ist konzeptionell nicht vorgesehen, dass die Gesellschaftsmitglieder den *Politiken selbst* zustimmen müssten. Ein möglicher Widerspruch der Adressaten liberaler Wirtschaftspolitik würde letztere nicht anfechten, sofern die behauptete empirische Wirkung eintritt. Wünschten Individuen eine Besserstellung aller Gesellschaftsmitglieder und teilten hierin das universelle Ziel liberaler Politik, verträten aber das Gegenteil einer liberalen Wirtschaftspolitik (z.B. eine links-keyensianische Wirtschaftspolitik), so müssten sie auch *ihre* wirtschaftspolitische Konzeption an den Ergebnissen messen lassen. Zunächst vertreten sie nur eine konkurrierende Theorie bzw. andere Überzeugungen in Bezug auf Wirkungen von Politik. Liberalismuskritiker hätten sich aber demselben Test auszusetzen wie die Liberalen selbst und hätten damit zu rechnen, dass die von ihnen präferierten Politiken wegen mangelhafter Performanz verworfen werden. Konkurrierende (wirtschafts-) politische Überzeugungen von Bürgern genießen deshalb nicht den Status einer Präferenz, welche als Ausdruck individueller Besonderheit zu respektieren wäre. Ein von Individuen vorgetragener Widerspruch zu liberalen Politiken könnte nur dann Legitimität beanspruchen, wenn die von Liberalen behauptete Wirkung einer allgemeinen Wohlfahrtssteigerung ausbliebe. In seiner klassischen Variante begrenzt deshalb der ökonomische Liberalismus das Ausmaß von Zustimmung als Quelle der Legitimierung von Politik. Hayek als der große Erneuerer des klassischen Liberalismus nimmt auf diese Weise, wenn auch in begrenztem Maße, einen Paternalismus in Kauf: er verneint einen Eigenwert von politischen Handlungen; er erkennt sie nicht als Elemente von individuellen Präferenzordnungen an, weshalb ein gesellschaftlicher Dissens zu einer liberalen Politik weder die Legitimation, noch das Attribut „liberal" zu entziehen vermag.[3] Nur die ökonomischen Konsequenzen in Form bewerteter Konsummöglichkeiten haben sich den Urteilen der Gesellschaftsmitglieder zu stellen. So mag etwa eine Politik der weltwirtschaftlichen Öffnung zunächst in einer Gesellschaft auf Widerspruch stoßen. Trotzdem genösse diese Politik, welche einen gesellschaftlichen Konsens verfehlt, Legitimation, solange die Behauptung einer allgemeinen Steigerung des Wohlstandes eintritt. Nur im entgegengesetzen Falle verlöre die Politik der wirtschaftlichen Öffnung ihre Legitimation. Eine Zustimmung *zu Politiken* bildet dagegen kein allgemeines Legitimationserfordernis.

Zustimmung wird darüber hinaus auch im Hinblick auf die erfahrenen Folgen liberaler Politiken relativiert, weil das Ziel der Wohlfahrtsverbesserung aller (im Sinne einer Pareto-Norm) nicht in beliebig kleinen Zeiträumen verwirklicht werden kann. Wenn etwa eine Politik der wirtschaftlichen Öffnung einen Strukturwandel bedingt, kann dies temporär die Wohlfahrtsposition einzelner Gesellschaftsmitglieder oder Gruppen verschlechtern. Insbesondere Hayek war es sehr darum gelegen, im Falle temporärer Wohlfahrtseinbußen eine Art Duldungspflicht der Individuen zu begründen. Diese begründet sich aus einem evolutorischen Verständnis von Marktprozessen: danach sind die Früchte liberaler Wirtschaftspolitik systembedingt nur mittel- und langfristig zu ernten, können aber mit temporären Wohlfahrtsverlusten als Folge von Strukturwandel einhergehen.

Grundsätzlich jedoch verpflichtet sich jedes liberale Konzept dem Ziel der Wohlfahrtsverbesserung aller Gesellschaftsmitglieder. Dies muss zunächst hervorgehoben werden, weil dem Liberalismus in öffentlichen Auseinandersetzungen gelegentlich eine Parteinahme für bestimmte Einkommensklassen – vor allem für Unternehmer oder Kapitalbesitzer – unterstellt wird („Umverteilung von unten nach oben") oder als Austerity-Politik – besonders augenfällig im Zusammenhang mit Kreditvergabekriterien des IMF an die ärmsten Länder der Welt – missverstanden wird. Dem Anliegen des klassischen Liberalismus wird

---

[3] Dieser Gedanke zieht sich insbesondere durch die Ausführungen bei Hayek (1967 a).

diese Interpretation keineswegs gerecht; nicht „Poverty“, sondern das „Wealth of Nations“ bildet seit Smith das übergeordnete Ziel politischen Handelns. Gelingende Wirtschaftspolitik zeigt sich demnach in einem allgemeinen Einkommensanstieg. Es ist lediglich den Eigenheiten ökonomischer Prozesse geschuldet, dass die Besserstellung aller Gesellschaftsmitglieder mit Substitutionen und Reallokationen einhergeht, bis sektorare Wachstumspfade gefunden sind und höhere Faktorentgelte für alle möglich werden. Gerade in ökonomischen Krisensituationen können temporäre Einkommenseinbußen deshalb ein unvermeidbarer Preis für künftige Wohlfahrtsverbesserungen sein. Wohlfahrtsverluste sind aber nur als Vorleistung für eine nachfolgende Einkommensverbesserung in Kauf zu nehmen. Im Fließgleichgewicht partizipieren die Lohnempfänger an den Pioniergewinnen der Unternehmer. Unangetastet bleibt der egalitaristische individualistische Referenzmaßstab, den jede liberale Wirtschaftspolitik gegen sich gelten lässt: Einkommenseinbußen, z.B. infolge von Faktormengenreduzierungen, stellen in gesamtgesellschaftlicher Betrachtungsweise nur eine „Investition“ dar, die sich in Form künftiger, allgemeiner Einkommenserhöhungen rechtfertigen muss.

Vom klassischen Liberalismus zur Vertragstheorie

Das Wohlstandsziel des ökonomischen Liberalismus legt eine wohlwollende Beurteilung der Demokratie unter ökonomischem Aspekt durchaus nahe, anders als die Skepsis vieler Ökonomen in Bezug auf rationale Politik in der Demokratie vermuten lässt. Bereits Smith hatte in beiläufigen Überlegungen im „Wealth of Nations“ die Arbeiterschaft als geeigneten Agenten liberaler Wirtschaftspolitik ausgemacht (und lediglich aus praktischen Gründen verworfen): im Falle von Arbeitseinkommen besteht eine enge Korrelation zwischen individuellem Einkommen und dem Wealth of Nations, so dass Wirtschaftspolitik in den Händen von Arbeitern am besten aufgehoben wäre; Lohnempfänger können sich nur dann besserstellen, wenn sie zugleich den Wohlstand ihrer Volkswirtschaft befördern.[4] Aus heutiger Sicht lässt sich diese Bemerkung als Vertrauen

---

[4] Smith, A. (1776/1924, S. 265).

in die Demokratie umdeuten, denn in der Demokratie verfügen Arbeitnehmer über das größte Stimmpotential, während Kapitalisten – denen Smith hinsichtlich einer gesellschaftlichen Führungsrolle stets misstraute – aufgrund ihres Stimmpotentials über keinen nennenswerten politischen Einfluss verfügen. Dieser Hinweis tritt zunächst Bedenken entgegen, dass Demokratien mit dem Anliegen des Liberalismus unvereinbar seien.

Dennoch zweifelten liberale Ökonomen von Hayek über Friedman bis Nozick an der natürlichen Überzeugungskraft liberaler Wirtschaftspolitik in der Parteiendemokratie, woraus sich vor allem im Falle Hayeks das Misstrauen gegenüber Wirtschaftspolitik in der Demokratie erklärt. Der im klassisch liberalen Konzept tendenziell in Kauf genommene Paternalismus bleibt jedoch problematisch; denn er stößt sich gleichermaßen an demokratietheoretischen Überlegungen wie am Inbegriff des Liberalismus selbst. Gesellschaftsmitgliedern kann schwerlich vorgeschrieben werden, welche politische Konzeption sie als die beste im Sinne ihrer eigenen Wohlfahrtspositionen ansehen sollten. Ebenso wenig lässt sich ableiten, welche politische Konzeption Gesellschaftsmitglieder akzeptieren würden, gesetzt, eine solche habe theoretische und empirische Evidenz auf ihrer Seite und bereits woanders einen erfolgreichen Praxistest absolviert.[5] Sieht man die Essenz des Liberalismus in der Autonomie des Individuums, stünde es Individuen grundsätzlich frei, auch das Ausmaß und die Intensität staatlichen Handelns zu bestimmen. Nichts verpflichtet Individuen zunächst, die Grenze zwischen politischer und privater Sphäre nach Art des klassischen Liberalismus zu ziehen, nämlich gestützt auf modellhafte Überlegungen und empirische Evidenz. Es ist nur folgerichtig, Individuen in einer liberalen Gesellschaft als Ko-Autoren von Politik zu verstehen und sie damit auch über grundlegende Ordnungsprinzipien ihrer Gesellschaft befinden zu lassen. Dazu gehören insbesondere das Ausmaß und die Inhalte staatlicher Tätigkeit.[6]

In dieser Weise haben Vertragstheoretiker wie Brennan oder Buchanan den Liberalismus mit einem allgemeinen Prinzip von Demokratie in Übereinstimmung zu bringen versucht.[7] Danach gilt Politik als zustimmungspflichtig, wenn sie den Anspruch auf Legitimation erhebt. Die Rechte der

---

[5] Zintl (1983).
[6] vgl. hierzu Knight (2001).
[7] vgl. Brennan/Buchanan (1985); Buchanan (1984, 1987).

Individuen werden im Sinne des Liberalismus durch ein Konsensprinzip gewahrt. Die Demokratie wird nicht mit der Mehrheitsregel gleichgesetzt, vielmehr soll Politik idealerweise als Ausfluss eines gesellschaftsweiten Vertrages eingerichtet werden, der die Zustimmung aller verlangt. Buchanan (1987) hat ein solches Konsensprinzip als Ausdehnung des Paretoprinzips der Marktsphäre auf die Sphäre der Politik verstanden. Freiwillige Zustimmung in Verträgen (d.h. die Abwesenheit von Zwang oder Täuschung) erfolgt in Erwartung auf die Vorzugswürdigkeit des Ausgehandelten und legitimiert somit den Vertrag; die Vertragspartner tragen allerdings das Risiko und müssen sich die eingetretenen Folgen zurechnen lassen, weshalb das zufällige Nicht-Eintreten positiver Folgen den Vertrag nicht nachträglich delegitimiert.

Mit diesem Gedanken haben die Vertragstheoretiker eine Brücke zwischen ökonomischen und politischen Liberalismus geschlagen und sind damit zum klassischen Liberalismus Hayeks auf Distanz gegangen. Indem Individuen als Parteien eines gesellschaftlichen Vertrages betrachtet werden, sind sie nicht mehr auf politische Prinzipien verpflichtet, es sei denn auf die Forderung nach wechselseitiger Zustimmung. Ansonsten findet der im politischen Liberalismus etwa Dahls (1989) erhobenen Grundsatz der „Self-Governance" von Gesellschaft eine Bestätigung; in moderner Fortführung eines Rousseauschen Legitimationsprinzips bleiben Individuen in Bezug auf die Inhalte von Politik frei. Die Verpflichtung zur Zustimmung aller Gesellschaftsmitglieder geht aber mit einer Verpflichtung zum Interessenausgleich einher. Darin drückt sich der liberale Vorbehalt gegenüber schrankenloser staatlicher Macht aus, die sich über die Rechte von Individuen, insbesondere deren Eigentumsrechten, hinwegsetzen kann. Durch das Konsensprinzip bleiben die Gesellschaftsmitglieder in ihrer Rolle als Rechtsunterworfene vor dem Zugriff der Mehrheit auf ihre Rechte geschützt.

Diese vertragstheoretische Brücke zwischen ökonomischem und politischem Liberalismus bietet zunächst den Vorteil, dass sie ohne einen Rückgriff auf natürliche Rechte auskommt, um die Grenzen staatlichen Handelns zu bestimmen. Anders als in einer auf Locke zurückgreifenden Konzeption, der sich Nozick (1974) bedient, argumentiert Buchanan (1984) vor dem Hintergrund einer Hobbes'schen Vertragstheorie, wonach die Rechtsordnung nur an die Zustimmungspflicht der Gesellschaftsmitglieder zu binden ist. Eine solche Begründungsweise ist voraussetzungsärmer und auf eine ökonomische Herangehensweise abgestimmt, welche sich jeglicher normativer Aussagen über individuelle Präferenzordnungen enthält[8]: Individuen bleibt es selbst überlassen, ihre Präferenzen über politische Handlungen festzulegen, welche von einem „impartial spectator" (Smith) zu respektieren sind.

Die vertragstheoretische Umstellung des ökonomischen Liberalismus zielt nicht nur auf die Rechtfertigung eines staatlichen Gewaltmonopols wie bei Hobbes, sondern im Sinne Lockes auf die Begründung der Demokratie als Staatsform. Aus der Idealform von Demokratie soll ein zurückhaltender Umfang von Staatstätigkeit abgeleitet werden, was die Regulierungstätigkeit, die Umverteilung zwischen Einkommen und Vermögen sowie die Bereitstellung von öffentlichen Leistungen betrifft. Dieses Resultat wird aber nicht aus wohlfahrtstheoretischen Überlegungen abgeleitet, auch nicht aus „natürlichen Rechten", sondern aus dem Forderungsgehalt einer allgemeinen Zustimmungspflicht. Im Unterschied zu gelegentlich „unecht" genannten Vertragstheorien – etwa bei Rawls – wird Konsens als ein tatsächlicher und nicht als hypothetischer normativiert.[9] Dabei nähert sich diese Variante einer Vertragstheorie radikaldemokratischen Ideen an, welche eine größtmögliche Partizipation der Gesellschaftsmitglieder am Gemeinwesen für wünschenswert hält. Der Gefahr einer politischen Handlungsunfähigkeit begegnen Brennan/Buchanan (1985) in ihrem „constitutional turn" der Vertragstheorie wie folgt: Gesellschaftsmitglieder votieren nicht für einzelne politische Handlungen, da hier die Möglichkeiten eines Interessenausgleichs zu begrenzt sind. Stattdessen legen sie verfassungsmäßige Grundsätze (choice of rules) fest, welche für die dann mehrheitsmäßig zu wählenden Regierungen in ihren Einzelhandlungen (choice within rules) bindend sind. Verfassungsmäßige Regeln als Ausfluss eines faktischen Konsenses gehen nach der Erwartung Buchanans und Brennans über eine rule-of-law hinaus, die wohl jedes Gesellschaftsmitglied in der Demokratie präferieren würde, solange es nicht davon ausgehen kann, mit seinen politischen Präferenzen stets auf Seiten der Mehrheit zu stehen. Vielmehr hätte jedes Gesellschaftsmitglied als Ko-Autor der politischen Verfassung (choice of rules) Vorkehrungen dafür zu treffen, dass die politische, und nach der Mehrheitsregel verfahrende „choice within rules" ihn nicht

---

[8] vgl. hierzu Schefzcyk (2003).

[9] vgl. Zintl (1983).

zum systematischen Verlierer von Politik bestimmt. D.h. ein rationales Gesellschaftsmitglied wird für eine Regelbindung der politischen Akteure in einer Demokratie votieren, und zwar in einer Weise, welche den Prozess *allgemeiner* Wohlfahrtsbildung in der Gesellschaft bestmöglich befördert; andernfalls ist die Zustimmung der anderen Gesellschaftsmitglieder nicht zu erlangen. Damit bewahrt sich eine Gesellschaft vor Regeln, welche Individuen oder Gruppen *systematisch* benachteiligen.

Zur Wahrscheinlichkeit eines Verfassungskonsenses aus vertragstheoretischer Sicht

Von unterschiedlichen Interessen der Gesellschaftsmitglieder bleibt auszugehen. Die „echte" Vertragstheorie fordert für ihre „Transzendenz" aber keine Abstraktion von individuellen Persönlichkeitsmerkmalen im Sinne des Rawls'schen veil of ignorance, etwa die Abstraktion von der sozialen Herkunft oder der ethnischen Zugehörigkeit, sondern fordert lediglich einen Ausgleich von Interessen durch die vertragsschließenden Parteien.[10] Auch wenn Gesellschaftsmitglieder unterschiedliche Interessen besitzen, so vermuten Brennan/Buchanan doch eine ausreichende Schnittmenge von übereinstimmenden „Verfassungspräferenzen", welche die Verfolgung von Partikularinteressen zulasten anderer in Schranken hält. Beispielsweise wären Interessengruppen daran gehindert, in Koalitionen Sondervorteile zu erstreiten, wenn sie sich erst auf Regeln für die Gewährung staatlicher Hilfen verständigen müssten. Es genügt dann nicht mehr, durch Koalitionsbildung eine Mehrheit für Finanzbeihilfen zugunsten der eigenen Gruppe zu schmieden. Vielmehr müssen sich alle auf allgemeine Prinzipien verständigen, die unabhängig von Gruppeninteressen anzuwenden wären und damit einem Gleichheitsgrundsatz entsprechen. Indem Gesellschaftsmitglieder über Regeln anstatt über einzelfallbezogene Politik einen Konsens herstellen, müssen sie von ihren situativen Handlungsinteressen abstrahieren und längerfristig kalkulieren. Denn anders als konkrete Politiken gelten *Regeln* für Politiken dauerhaft, d.h. sie betreffen Individuen in unterschiedlichen Lebenssituationen. Bei der Frage etwa über staatliche Unterstützung bei Erwerbslosigkeit

[10] vgl. hierzu die Überlegungen von Brennan/Buchanan (1985, Kap. 9).

würden Erwerbslose für eine möglichst hohe Unterstützung votieren, während Erwerbstätige einen Anreiz für eine geringe steuerliche Belastung haben und ihr Interesse auf eine begrenzte Unterstützungszahlung gerichtet ist. Im Falle einer Regelentscheidung müssten beide Gruppen aber von ihrer situativen Betroffenheit abstrahieren; auch Unterstützungsempfänger hätten zu berücksichtigen, dass sie zu einem späteren Zeitpunkt Transferlasten zu finanzieren hätten, während Erwerbstätige den Fall der Erwerbslosigkeit als Möglichkeit einzubeziehen hätten. Diese „Objektivierung" vermag zwar unterschiedliche Risikopräferenzen und andere individuelle Merkmale nicht zu elimineren, vergrößert aber die Wahrscheinlichkeit eines Konsenses. Brennan/Buchanan versprechen sich von dieser Art politischer Deliberation eine Stärkung des „Gemeinwohlinteresses" im Sinne konsensbasierter Politiken. Es ist Interessengruppen nicht mehr möglich, Privilegien zu erstreiten, wenn sie nicht zuvor die *allgemeine* Vorteilhaftigkeit von Regeln darlegen, unter deren Anwendung die Gewährung eines Vorteils fällt. Industriepolitiken, Agrarbeihilfen, protektionistische Abwehrmaßnahmen für einzelne Industriezweige sind die Kandidaten für Politiken, für welche sich – einer Vermutung von Brennan/Buchanan folgend – eine allgemeine Regel schwerlich finden lässt.

Der Versuch einer Konstitutionalisierung von Politik auf der Basis des gesellschaftsweiten Konsenses bietet aus Sicht der ökonomischen Theorie der Demokratie den weiteren Vorteil, einer systemimmanenten Einbuße von Rationalität entgegen zu wirken. So ist aus dieser Theorierichtung stets auf die begrenzten Anreize von Wählern hingewiesen worden, Mehrheitsentscheidungen zu ihren Gunsten zu beeinflussen. Der einzelne Wähler besitzt aufgrund seines verschwindend geringen Stimmengewichts aber kaum einen Anreiz, sich über Wahlprogramme zu informieren oder auch an Wahlen teilzunehmen. Auch wenn empirische Evidenzen die Bedeutung von objektiven Anreizen für die Teilnahme an Wahlen relativieren, dürfte unstrittig sein, dass kostspielige Konsumentscheidungen wie der Kauf eines Hauses oder Autos mit größerem Informationsaufwand vorbereitet werden als eine Wahlentscheidung. Diese Anreizsituation ändert sich im Falle von Entscheidungen über Regeln, wie sie Vertragstheoretiker einführen wollen: durch die Pflicht zum Konsens über Regeln kann es sich für jedes einzelne Gesellschaftsmitglied nachteilig auswirken, wenn es auf sein Veto-Recht mangels Kenntnis der Wirkung einer Regel verzichtet. Zumindest in diesem Sinne wird

Partizipation in der Demokratie zu einem Gebot der Rationalität und braucht nicht mehr als Tugend eingefordert werden, wie dies bei einfachen Mehrheitsentscheidungen der Fall ist.

Die Abkehr vom Minimalstaat in der Konstitutionenökonomik

Damit baut die Konstitutionenökonomik eine Brücke zwischen ökonomischem und politischem Liberalismus: sie erneuert das Anliegen des ökonomischen Liberalismus, wonach die Rechte der Individuen zu schützen sind, was durch zustimmungsbedürftige Regeln geschieht. Diese können die Sicherung des Eigentums und der Vertragsfreiheit betreffen, aber grundsätzlich bleiben die Individuen bei der Wahl von Regeln für die politisch Handelnden frei. Sie könnten durchaus Rechte an ihrem Eigentum abtreten und etwa Mehrheitsentscheidungen zulassen, welche privates Vermögen oder Erbschaften besteuern, gesetzt, der Staat bindet sich an allgemeine Ziele, welchen die Bürger zugestimmt haben. Sofern sich die Individuen auf Regeln verständigt haben, welche die politischen Akteure binden, haben sie ihre Rechte gewahrt, gleichviel welche Politiken daraus im Einzelfall resultieren mögen. Damit lockert die Konstitutionenökonomie die enge Bindung des ökonomischen Liberalismus an einen Minimalstaat. Im Sinne des politischen Liberalismus entscheiden die Individuen über das Ausmaß und die Intensität von Staatstätigkeit, womit dem Prinzip der „Self-Governance" (Dahl) des politischen Liberalismus entsprochen wird.[11] Das Anliegen des ökonomischen Liberalismus wiederum kommt darin zum Ausdruck, dass sich Individuen ihren Staat in einer Weise einrichten, dass die Mehrheitsregel eingehegt bleibt. Individuelle Rechte bleiben durch das Zustimmungsprinzip in besonderer Weise geschützt: *Insbesondere brauchen sich Individuen nicht zu rechtfertigen, wenn sie einer konstitutionellen Regel ihre Zustimmung verweigern.*

Mit der Einengung der Konsenspflicht auf Regeln hat die Konstitutionenökonomie eine pragmatische Endung für radikaldemokratische Konzeptionen gefunden. Individuen entscheiden über Politik, aber sie tragen den praktischen Grenzen politischer Kommunikation in Form

[11] vgl. Dahl (1989).

von Kommunikations- und Konsensfindungskosten Rechnung, weil Einzelpolitiken von der Forderung nach einem Konsens enthoben sind. Regeln reduzieren die Agenda öffentlicher Entscheidungen und erhöhen zugleich die Chancen für eine Zustimmung aller (s.o.). Damit reduziert sich die Komplexität öffentlicher Entscheidungsprozesse und es wird einer Überlastung des politischen Systems mit Entscheidungen vorgebeugt. Zwar ist es zusätzlich möglich, in Form von Referenden die politischen Akteure zu kontrollieren und über konkrete Politiken zu entscheiden. In der Regel aber handelt es sich um eine konstitutionell eingehegte repräsentative Demokratie, bei der die Gesellschaftsmitglieder nicht mehr als politischer, sondern als verfassungsgebender Souverän vorgesehen sind.

2. Prozeduraler Liberalismus und Deliberation

Die Konstitutionenökonomie legt Assoziationen zu Konzepten der deliberativen Demokratie nahe, die neuerdings Gegenstand einer Debatte geworden sind (s. die Beiträge in Aaken/List/Luetge, 2004). Vor allem die gemeinsame Rolle des gesellschaftlichen Konsenses hat zu theoretischen Betrachtungen über die Vereinbarkeit von unterschiedlichen normativen politischen Konzeptionen eingeladen. Nach der hier vertretenen Auffassung kann man die Konstitutionentheorie als einen reflexiven Liberalismus verstehen. Sie bewahrt Elemente des klassischen ökonomischen Liberalismus, sucht aber zugleich die Verbindung zum politischen Liberalismus.

Jüngere Vertreter der Vertragstheorie haben nach einer möglichen Verbindung zur Diskurstheorie gesucht und folgen dabei der Überlegung, dass Vertragstheoretiker gegen einen gesellschaftlichen Austausch von Argumenten über Politik kaum etwas einwenden könnten, auch wenn ein Diskurs konzeptionell in der Vertragstheorie nicht vorgesehen ist.[12] Grundsätzlich stellt ein gesellschaftlicher Diskurs kein systemwidriges Moment in der Vertragstheorie dar, auch wenn ihre Vertreter einen gesellschaftlichen Diskurs nicht explizit thematisieren. Die Analogie zu zivilen Verträgen legt jedoch nahe, den Gesellschaftsvertrag als kommuni-

---

[12] von Aaken (2004).

kationsbehaftet aufzufassen. Auch zivile Verträge bedürfen im Allgemeinen der Kommunikation, z.B. weil die die andere Vertragsseite von der wechselseitigen Vorteilhaftigkeit von Vertragsbedingungen zu überzeugen ist. In weitaus größerem Maße bedürfen gesellschaftliche Verträge über Verfassungsregeln der Kommunikation. Der Erfolg einer gesellschaftsweiten Kommunikation ist dabei offen. Ob gesellschaftlichen Diskursen, wie Elster (1997) vermutet, allein durch ihre öffentliche Ausdrucksform eine konsensfördernde Kraft zukommt, kann nicht im Vorhinein entschieden werden. Gerade die vertragstheoretische Position setzt die Divergenz von Interessen als den allgemeineren Fall an: Diese Divergenz bleibt als eine soziale Tatsache zu akzeptieren und bildet einen Ausgangspunkt der politischen Theorie, weil – einem Wort Lübbes folgend – jeder Mensch in einer von Rechtfertigung unabhängigen Weise ein besonderer, anderer sein darf.[13] Sinnen Gesellschaftsmitglieder auf politische Ziele, welche von anderen ein partielles Abtreten von individuellen Rechte erforderlich machen, so müssen sie grundsätzlich das Einverständnis der anderen Gesellschaftsmitglieder einholen, d.h. für ihre politischen Zielsetzungen werben. Es reicht also nicht aus, lediglich eine Mehrheit für politische Ziele zu organisieren und diese zulasten einer Minderheit durchzuführen. Den Anwendungsfall stellen Ressourcen verbrauchende Politiken dar, welche einen Steuerbeitrag Aller erfordern oder politische Eingriffe in die Vertragsfreiheit zur Verfolgung politischer Ziele bedingen. Hier müssen Individuen auf Eigentumsrechte oder das Recht auf Vertragsfreiheit zugunsten von politischen Zielen verzichten. In Buchananscher Perspektive entrichten die Individuen durch Verzicht auf solche Rechte einen Preis für kollektive Güter, die sie deshalb präferieren, weil sie eine Verbesserung ihres Status quo erwarten (Buchanan, 1984, Kap. 3). Der Bereich kollektiver Güter unterliegt nur dieser prozeduralen Restriktion. Auch produktive staatliche Leistungen außerhalb des Minimalstaates werden grundsätzlich möglich, sofern die Gesellschaftsmitglieder zustimmen. Damit ist dem Erfordernis eines liberalen Normenkonzepts Genüge getan, obwohl Buchanan nicht damit rechnet, dass sich die Individuen einen kostspieligen Staat (Leviathan) einrichten würden.

---

[13] zit. nach Krebs (2004, 11).

Die Endogenisierung der Grenze zwischen öffentlicher und privater Sphäre

Der prozedurale Liberalismus konzipiert das Verhältnis zwischen Staat und Gesellschaft in einer Weise, die sich von der klassischen Variante unterscheidet. Es wird nicht mehr eine Blaupause für eine wohlfahrtsmaximierende Politik entworfen, auch wenn das Ziel der Wohlfahrtsmaximierung immer noch die Hintergrundidee darstellt. Politik wird vielmehr „endogenisiert" und bleibt in ihren Inhalten unbestimmt. Die Zustimmung der Individuen an Grundprinzipien (Regeln) der Wirtschaftspolitik rückt zum maßgeblichen Kriterium auf. Befürworten etwa Gesellschaftsmitglieder einen „aktivierenden" und kurativen Sozialstaat mit entsprechender Ressourcenausstattung, so ist damit dem prozeduralen Zustimmungskriterium entsprochen, auch wenn andere liberale Konzepte wie etwa die Nozicks, Hayeks oder Friedmans eine solche Form staatlichen Tätigwerdens mit Gründen, d.h. theoriegestützt, ablehnen würden. Gleichfalls wäre die staatliche Bereitstellung von Bildungsgütern mit den (prozeduralen) Prinzipien liberaler Politik vereinbar, falls die Gesellschaftsmitglieder ihre Zustimmung gegeben haben. Eine solche Entscheidung mag später als falsch erkannt werden – kollektive Irrtümer bleiben möglich. Gleichwohl erfährt Politik durch Zustimmung ihre Legitimation und qualifiziert sich dadurch als liberal.

Anders als im klassischen Liberalismus ist die Grenze zwischen öffentlichem Handeln und Privatautonomie nicht mehr exogen vorgegeben, sondern wird an die Präferenzen der Individuen gebunden. Die Bedingung der Zustimmungspflichtigkeit gewährt den Individuen wiederum einen Schutz vor Abstimmungsniederlagen: auch wenn sie im öffentlichen Diskurs mit ihren Überzeugungen im öffentlichen Diskurs nicht durchzudringen vermögen, bleibt ihre Individualsphäre vor der Politik geschützt, falls sie mit den allgemeinen Regeln von Politik nicht konform gehen. Sie können in einer von Rechtfertigung freien Weise darauf insistieren, dass Politik ihr Eigentum schützt, wenn sie an der Vorteilhaftigkeit von Politiken zweifeln und darum ihre Zustimmung verweigern. Die Kontingenzen eines öffentlichen Diskurses können ihnen insofern nichts anhaben, weil ihnen die Bedingung der Zustimmung zu allgemeinen Prinzipien (Regeln) Rechte verleiht. Umgekehrt kann die Mehrheit keine Politiken durchsetzen, welche einen Zahlungsbeitrag der Minderheit verlangen, es sei denn, die Minderheit stimmt zu.

Auf diese Weise positioniert sich die vertragstheoretisch modifizierte Position des ökonomischen Liberalismus zwischen dem Konzept einer deliberativen Demokratie einerseits und dem klassischen Liberalismus andererseits. Zwar ist die Grenze zwischen privater und öffentlicher Sphäre nicht, wie im Falle des klassischen Liberalismus, exogen gezogen. Sie stellt aber auch kein ausschließliches Produkt öffentlicher Deliberation dar. So grenzt sich etwa Habermas in seinem Plädoyer für eine deliberative Demokratie gegenüber dem Liberalismus davon ab, dass es kein Recht auf eine vorab definierte private Sphäre geben könne, welche dem Diskurs legitimerweise entzogen werden könne (Habermas, 1992, 379 ff.). Auch das Recht auf eine private Sphäre sei quasi erst politisch zu verhandeln. In der hier skizzierten vertragstheoretischen Position bleibt es den Individuen unbenommen, Rechte an eine öffentliche Sphäre abzutreten, wenn sie es für opportun halten. Jedoch schulden sie ihren Rechtsgenossen keine Rechtfertigung für den Fall, dass ihnen Regeln für Politiken unerwünscht erscheinen, z.B. weil nach ihrer Einschätzung der Preis in Form von Einbußen von Handlungsrechten zu hoch ausfällt. Diesen Schutz vor einer Bedrängung durch öffentliche Diskurse kann man mit der begrenzten Kommunizierbarkeit dezentraler Handlungskontexte, wie sie ökonomisches Handeln charakterisieren, begründen (Hayek, 1945). Kostenerwartungen resultieren aus einer individuellen Handlungsumgebung und stützen sich auf spekulative Erwartungsbildung; einer öffentliche Darlegung und Rechtfertigung sind allein schon deshalb Grenzen gesetzt, weil marktwirtschaftliche Allokationsentscheidungen systembedingt experimentellen Charakter aufweisen und subjektive, aber deswegen auch heterogene Erwartungen, eine produktive Funktion innehaben. Insofern bestehen gute Gründe, Individuen das Recht einer Kosteneinschätzung zu belassen und ihre Bewertungen nicht unter eine öffentlich-rechtliche Aufsicht zu stellen. Je stärker Politiken in individuelle Handlungssphäre eingreifen, desto problematischer wird deshalb auch die verbindliche Bestimmung ihrer Kosten in einem öffentlichen Forum. Es ist daher nur folgerichtig, auf das prozedurale Kriterium der Zustimmung im Zusammenhang öffentlicher Entscheidungen zu bauen.

Aber auch die Unterschiede zum klassischen Liberalismus sind offensichtlich. So wird die Grenze zwischen öffentlicher und privater Sphäre nicht mehr aus einer ökonomischen Theorie der Wohlstandsbildung deduziert, sondern an die politischen Präferenzen der Gesellschaftsmitglieder rückgebunden. Erst im Rahmen eines politischen

Willensbildungsprozesses offenbaren Gesellschaftsmitglieder, was sie unter Wohlfahrt verstehen wollen. Stimmen die Gesellschaftsmitglieder Politiken zu, die im klassischen Liberalismus wegen eines Wohlfahrtsverlustes abgelehnt werden, so kann ein Beobachter nicht unbesehen auf einen Wohlfahrtsverzicht schließen. Dazu müsste man die individuellen Präferenzen ermitteln, welche einer Wahl von Politik zugrunde liegen; denn von diesen Präferenzen hängt es ab, ob die gewählte Politik einen Nettonutzen stiftet: Entscheiden sich etwa Gesellschaftsmitglieder für eine hohe Transferquote zur Finanzierung präferierter wohlfahrtsstaatlicher Leistungen, so kann man im Rationalwahlmodell nicht mehr von einer Wohlfahrtseinbuße sprechen. Sofern die Zustimmung zur Finanzierung von Politiken in Erwartung ihrer gesellschaftlichen Erträge erfolgt, wird man dies bei einem zugrunde gelegten Modell rationalen Handelns so deuten, dass die Gesellschaftsmitglieder die politischen Erträge höher als den „Steuerpreis", d.h. den Verzicht an verfügbarem Einkommen, bewerten. Der aus Beobachtersicht vorliegende Wohlfahrtsverzicht ist nur scheinbarer Art, da der Beobachter über die Präferenzen der Bürger unzureichend informiert ist. Es wäre aus prozeduraler, vertragstheoretischer Sicht inkonsequent, die geoffenbarten Präferenzen für politische Handlungen einer externen Bewertung unterziehen zu wollen, nimmt man die normative Position einer Autonomie von individuellen Präferenzen ernst. Ebenso wäre es unzulässig, verschiedene Gesellschaften hinsichtlich des von ihnen ausgeübten Umfanges von Staatstätigkeit von einem externen Standpunkt aus zu vergleichen, um daraus Rückschlüsse für das Ausmaß von wirtschaftlicher Freiheit in dieser Gesellschaft zu treffen.[14] Es kommt allein darauf an, ob Gesellschaften in einem weitgehenden Konsens und in Freiheit über das Ausmaß staatlicher Tätigkeit entschieden haben, anstatt einem politischen System unterworfen zu sein, dass sich über ihre Präferenzen hinwegsetzt. Transformiert ein politisches System die politischen Präferenzen seiner Bürger adäquat in entsprechende Programme, dürfen die Gesellschaftsmitglieder für ihre politischen Präferenzen denselben Respekt verlangen wie für ihre private Präferenzen, unterstellt man die normativen Prämissen des Liberalismus

---

[14] Dies ist etwa die Praxis von empirischen Verfahren zur Ermittlung des Grades wirtschaftlicher Freiheit (s. den Fraser-Index). Zu einer eingehenderen Untersuchung der theoretischen Probleme siehe Wegner (2008).

nach individueller Handlungsautonomie oder „Self-Governance" (Dahl, 1989). Wenn etwa skandivische Gesellschaften eine hohe Transferquote aufweisen und eine im Vergleich zu angelsächsischen Gesellschaften umfangreichere Staatstätigkeit unterhalten, so könnten daraus zunächst keine Rückschlüsse über das Ausmaß von Freiheit gezogen werden. Es wäre stattdessen zu fragen, ob sich die Staatsziele auf einem allgemeinen Konsens stützen oder aber Ausdruck von politischen Eigendynamiken oder Selbstverstärkungsprozessen bilden, bei denen die Gesellschaftsmitglieder ihre Präferenzen nur ungenügend zu Gehör bringen können (Letzteres wäre konsequenterweise allerdings auch für Gesellschaften mit niedriger Staatstätigkeit zu fordern). Trifft die Mutmaßung eines gesellschaftlichen Konsenses zu, so könnte man den wirtschaftspolitischen Weg skandinavischer Gesellschaften zwar hinsichtlich seiner möglichen ökonomischen Fehlanreize immer noch kritisieren; jedoch lässt sich schwerlich ein Legitimationsdefizit ausmachen. Es liegt vielmehr der Sachverhalt ideosynkratischer, kollektiver Präferenzen über wünschenswerte staatliche Leistungen vor, welche manche Gesellschaften charakterisieren, ohne man diese als anti-individualistisch bezeichnen dürfte.

3. Gesellschaftlicher Konsens als Experiment

Wir hatten bislang eher vage von „allgemeinen Prinzipien" oder „Regeln" gesprochen, die von einem vertragstheoretischen Standpunkt aus als zustimmungspflichtig gelten. Darunter könnten etwa Prinzipien der Sozialstaatlichkeit oder das Prinzip der Subsidiarität verstanden werden, aber auch Regeln für die Verschuldung öffentlicher Haushalte. Die konkrete Ausgestaltung dieser Prinzipien obliegt den politischen Entscheidungsträgern; allerdings können sie die Regeln nicht nach Beliebigkeit dehnen oder bis zur Unkenntlichkeit mit anderen Inhalten versetzen. Die Entscheidung über Regeln gewährt den politischen Agenten zunächst notwendige Handlungsspielräume; innerhalb dieser Regeln („choice within rules") darf die Mehrheitsregel zur Anwendung kommen. Die Wahl von Regeln anstatt konkreter politischer Programme soll die Gefahr entschärfen, dass einzelne Gesellschaftsmitglieder zu Vetospielern werden und sich ihre Zustimmung abkaufen lassen können. Andererseits befinden die Gesellschaftsmitglieder über Politik; sie bleiben die entscheidenden Akteure. Sie brauchen sich deshalb nicht mit einem „hypothetischen Konsens“ abspeisen lassen, der ihnen mit mehr oder weniger sinnvollen Argumenten vorgibt, wie sie sich als vernünftige Wesen entschieden haben würden, hätte man sie um ihre Meinung gefragt, was aber aus verschiedenen Gründen, z.B. dem Zweifel an ihrer Vernünftigkeit unterblieben ist. Insofern enthält die konstitutionelle Weiterführung der Vertragstheorie ein radikaldemokratisches Element und fordert die gegenwärtig vorherrschende Form der repräsentativen Demokratie in den meisten westlichen Gesellschaften heraus: Individuen sind am politischen Prozess zu beteiligen, und zwar nicht nur als Wähler, sondern als Entscheider über die Grundsätze von Politik. Repräsentative Demokratien fallen aus dieser Perspektive als defizitär aus, da sie den Individuen keine differenzierte Artikulation ihrer politischen Präferenzen eröffnen, sondern nur Generalbekundungen für Parteien oder Personen. In Ermangelung solcher Artikulationsmöglichkeiten verbleibt dann nur die unvollkommene Abbildung politischer Präferenzen im Parlament oder aber die „demokratische Öffentlichkeit“, also eine Sphäre ohne Entscheidungskompetenz und –verantwortung, um Hinweise auf die „wahren“ politischen Präferenzen der Gesellschaftsmitglieder zu erlangen.

Selbst wenn man solche Unvollkommenheiten der Abbildung realer politischer Präferenzen der Individuen in Politiken konzediert, kann man trotzdem mutmaßen, dass die praktische Politik westlicher Demokratien in wichtigen Feldern die Überzeugungen ihrer Bürger nicht allzu weit verfehlt. Grundsätze der Sozialstaatlichkeit scheinen etwa in skandinavischen oder kontinaleuropäischen Demokratien auf einen breiten Konsens in den jeweiligen Gesellschaften gestützt zu sein, was u.a. darin zum Ausdruck kommt, dass politische Machtwechsel infolge von Wahlen kaum zu radikalen Umschwüngen in der allgemeinen Ausrichtung der Sozial- und Wirtschaftspolitik führen. Überstehen politische Grundsätze einen demokratischen Machtwechsel, kann man mit Rawls (1993) annehmen, dass ein „overlapping consensus“ vorliegt. Empirische Befunde deuten gleichfalls darauf hin, dass eine große Mehrheit in westlichen Demokratien den Sozialstaat präferiert und radikale Alternativen wie etwa den Minimalstaat vehement ablehnt (Boeri, T. / Börsch-Supan, A. / Tabellini, G., 2001). Nicht zuletzt weisen die gesellschaftsweiten Widerstände gegen Reformen des Wohlfahrtsstaates auf dessen Verankerung in verbreiteten Normbeständen westlicher Gesellschaften hin. Diese Befunde stützen zunächst die Annahme, dass die *grundsätzliche* wohlfahrtsstaatliche Ausrichtung der Wirtschaftspolitik in den meisten kontinentaleuropäischen Ländern von einem breiten Konsens getragen ist und damit dem Kriterium von Legitimität, wie es die Vertragstheorie formuliert, zu entsprechen scheint.

Ökonomische Entwicklung und Korrekturbedürftigkeit des Konsenses

Daraus lässt sich aber noch nicht auf die Stabilität des Konsenses schließen. Die zurückliegenden schmerzhaften und konfliktträchtigen Reformen des Wohlfahrtsstaates vieler europäischer Länder (aber auch der Vereinigten Staaten) haben offenbart, wie schnell die Bewertung von Politiken einer Revision unterzogen werden kann, wenn sich das ökonomische Umfeld einer Volkswirtschaft gravierend ändert. Das legt in unserem Zusammenhang die Frage nahe, ob Gesellschaften ihrerseits einen Konsens über die allgemeine Ausrichtung der Wirtschaftspolitik von vornherein auf Vorläufigkeit anlegen sollten, anstatt politisches Handeln durch die verfassungsähnliche Bindungswirkung eines Konsens auf Dauer festzulegen. Gesellschaftsmitglieder mögen Einigkeit darin erzielen, eine einkommenssichernde Sozialpolitik für den Fall individueller Notlagen zu etablieren, und sie mögen den Umfang ihrer Sozialpolitik unter Abwägung der gesellschaftlichen Kosten festlegen. Die Frage bleibt indes: wie zuverlässig können Gesellschaftsmitglieder ihre politischen Präferenzen zu einem gegebenen Entscheidungszeitpunkt überhaupt festlegen? Außer der Sozialpolitik ist hier an manch andere Politikfelder zu denken, die sich auf einen weiten Konsens in der Gesellschaft stützen (Umweltpolitik, Entwicklungspolitik, Verbraucherschutz). Rationale Entscheidungen über Politiken schließen stets deren Kosten ein und beziehen sich nicht nur auf wünschenswerte Ziele, die mit Politiken zu realisieren sind. Gesellschaftliche Diskurse über eine nachhaltige Wirtschaft verdienen erst dann das Attribut „rational“, wenn sie nicht nur Ziele identifizieren, sondern mit Blick auf Möglichkeiten von gesellschaftlicher Kostenersparnis Alternativen eröffnen. Widrigenfalls ließe sich eine rationale Abwägung nicht vornehmen. Dies wirkt allerdings auch auf die mögliche Bindungswirkung gesellschaftlicher Zustimmung zu Grundsätzen von Politik aus, eine Frage, die in vertragstheoretischen Diskursen selten gestellt wird.

Es scheint hier eine der größten Herausforderungen an Demokratien zu liegen, nämlich politische Festlegungen mit wirtschaftlichem Wandel in Übereinstimmung zu bringen, d.h. mitzubedenken, dass Festlegungen über Politiken einen experimentellen Charakter aufweisen.

Reiche Volkswirtschaften verteidigen und steigern ihre Wohlstandsposition durch permanenten Strukturwandel. Dessen Tempo und Ausmaß ist aber in einer spontanen Ordnung nur begrenzt vorhersehbar, u.a. weil diese nationalstaatliche Grenze transzendiert und von dem erreichten Stand weltwirtschaftlicher Integration abhängt. Es spricht einiges dafür, dass westliche Gesellschaften vor zwanzig Jahren das Aufkommen neuer attraktiver Produktionsstandorte und Wettbewerber auf dem Weltmarkt nicht vorhergesehen haben und vom Ausmaß des zu bewältigenden Strukturwandels überrascht worden sind. Strukturwandel bürdet jeder Gesellschaft Kosten als Folge der Umwidmung von Ressourcen aus. Resourcenreallokation erweist sich als unumgänglich, um ertragreiche Einkommensquellen zu erschließen und den Wohlstand einer Gesellschaft zu sichern und zu erhöhen. So ist etwa in neue Ausbildungen zu investieren, weil sich bisherige Qualifikationen als weniger einträglich erweisen, es ergeben sich neue Investitionsbedarfe für die Infrastruktur; Unternehmer müssen in der Globalisierung neue Geschäftsideen austesten. Vor allem aber sind Ressourcen aus weniger ertragreichen ökonomischen Verwendungen abzuziehen. Alle westlichen Volkswirtschaften sind in den beiden vergangenen Jahrzehnten mit solchen Anpassungskosten des weltwirtschaftlich bedingten Strukturwandels konfrontiert worden. Sie drücken sich allgemein in einer kürzeren Halbwertszeit von ökonomischen Handlungsmöglichkeiten aus, woraus der Druck wächst, schneller neue ökonomische Handlungsmöglichkeiten ausfindig zu machen. Solche Veränderungen des ökonomischen Umfeldes einer Gesellschaft haben aber Folgen für die Entscheidung über Politiken. Es macht einen Unterschied, ob eine Gesellschaft in ihrer politischen Wahlhandlung von einem relativ gesicherten Einkommenserwerb in Form stabiler Wachstumsraten ausgeht, oder aber mit der Möglichkeit von Einkommenseinbußen infolge des Wettbewerbs rechnen muss. Im letztgenannten Fall müssten die Kosten vieler wohlfahrtsstaatlicher Politiken mit einem Risikoaufschlag versehen werden, der von der Intensität des erwarteten Strukturwandels bestimmt wird. Die gesellschaftliche Zustimmung steht unter dem Vorbehalt einer Neu-Einschätzung des ökonomischen Umfeldes der Volkswirtschaft. In einem relativ stabilen Handlungsumfeld mag es eine Gesellschaft als angemessen empfinden, arbeitslosen Personen eine großzügige Einkommensunterstützung zu gewähren, etwa auf dem Niveau des vorherigen Erwerbseinkommens. Beschleunigt sich der Strukturwandels und fordert die Anpassungsfähigkeit der Volkswirtschaft heraus, erhöht sich im allgemeinen die Zahl der Unterstützungsberechtigten und die Summe der gesellschaftlichen Transferzahlung an die Erwerbslosen. Gleichermaßen steigt die Abgabenbelastung für die Erwerbstätigen, welche aber ihrerseits den Strukturwandel zu bewältigen haben und vom Verlust ihres Erwerbseinkommens bedroht sind. Sie sind damit gleichermaßen vom Strukturwandel gefordert und haben eine erhöhte Abgabenbelastung zu tragen. Angesichts einer derart veränderten Konstellation mag die frühere Form der gesellschaftlichen Unterstützung für den Fall der Erwerbslosigkeit nunmehr als unangemessene Kostenbelastung angesehen werden und überholungsbedürftig erscheinen. Vor dem Hintergrund der Globalisierung könnte deshalb ein Teil der Gesellschaft einen früheren gesellschaftlichen Konsens zum Wohlfahrtsstaat aufkündigen: während die Gruppe der Einkommenslosen ein Interesse an der Fortführung ihrer Alimentation anmeldet, trägt der andere Teil der Gesellschaft die Last des Strukturwandels in doppelter Weise und könnte deshalb an der Rückführung von Abgaben- und Transferlasten interessiert sein. Unter diesen geänderten Umständen ist ein gesellschaftlicher Vertrag über Regeln und allgemeine Prinzipien der Wirtschaftspolitik neu zu verhandeln.

Diese Veränderung der Interessenlagen hat nicht nur etwas mit geänderten Handlungsinteressen einer Mehrheit zu tun. Einer begrifflichen Unterscheidung von Vanberg/Buchanan (1989) zwischen Handlungs- und Verfassungsinteresse folgend, könnte man einwenden, dass Menschen stets gesellschaftliche Kosten von Politiken zu vermeiden wünschen, nachdem die „Natur gewürfelt" und sie zu Zahlern bestimmt hat. Wer einer Arbeitslosenunterstützung in vorher feststehendem Umfang grundsätzlich zustimmt, der sollte dies auch dann tun, wenn die Umstände für ihn glücklich sind und ihm erlauben, ein Arbeitseinkommen zu erzielen, anstatt von staatlicher Unterstützung abhängig zu sein. Umstände lassen das Handlungsinteresse variieren, während das Verfassungsinteresse davon unberührt sein sollte; es befindet über Politiken in langfristiger Perspektive und abstrahiert von Umständen und individuellen Handlungsinteressen (veil of uncertainty). Es mag einem Gruppeninteresse – dem der Begünstigten – entsprechen, in dieser Weise gesellschaftliche Solidarität einzufordern. Aber dennoch haben die Umstände nicht nur

Handlungsinteressen verändert, sondern auch das Verfassungsinteresse aller Bürger, die in einem veränderten Umfeld die Wiederaufnahme eines gesellschaftlichen Diskurses über Prinzipien der Sozialpolitik für legitim halten. Sicherlich gelingt es manchen besser, manchen schlechter, auf veränderte ökonomische Knappheiten eine Antwort zu finden; auf diese Weise weisen die Handlungsinteressen der Gesellschaftsmitglieder in unterschiedliche Richtungen. Es verändern sich aber auch die Opportunitätskosten dieser Politik, unabhängig davon, wer sie zu tragen hat. Ungewissheit in der Bewertung von Opportunitätskosten von Politik scheint eine der Grunderfahrungen westlicher Gesellschaften zu sein, wofür die zurückliegende Debatte um die Reform des Wohlfahrtsstaates in der jüngsten Phase der Globalisierung ein herausragendes Beispiel bildet. Im Verlaufe eines wirtschaftshistorisch einmaligen säkularen Trends der Wohlstandsentwicklung nach dem zweiten Weltkrieg haben soziale Sicherungssysteme nicht nur die Funktion (weitgehend) erfüllt, Menschen vor Not oder Armut zu bewahren. Vielmehr haben sie auch Verhaltensanreize geschaffen, sich gegenüber diesen Sicherungssystemen strategisch zu verhalten und das Eigeninteresse zurückzustufen, den Zustand der Einkommenslosigkeit gar nicht erst eintreten zu lassen.[15] Solche Fehlanreize können in einem gesellschaftlichen Diskurs nur unvollkommen benannt werden, und zwar vor allem deshalb, weil sie Gegenstand von Erfahrung sind. Gesellschaften lernen erst, welcher Nutzen und welche Folgekosten mit Politiken verbunden sind, die sie im Grundsatz – vor aller Erfahrung – begrüßen würden. So kann sich die Bewertung eines gut ausgebauten Wohlfahrtsstaates im Verlauf einer allgemeinen Wohlstandsentwicklung ändern, wenn durch eine Erhöhung der Abgabenlastung oder steigende Staatsverschuldung die weitere Wohlstandsentwicklung der Gesellschaft in Gefahr gerät. Gerade dieser Befund hat seit den neunziger Jahren in klassischen Wohlfahrtsstaaten Westeuropas zu einer umfassenden Readjustierung der Sozialpolitik geführt, nachdem die Sicherung des Wohlstands angesichts neuer aufstrebender Volkswirtschaften in Osteuropa und in Asien nicht mehr als stabile Rahmenbedingung von umverteilender Politik angesehen werden konnte.

---

[15] statt vieler Lindbecks (1995) Beitrag zur Entwicklung des schwedischen Wohlfahrtsstaates vor dessen Reform in den 90er Jahren.

Reflexiver Liberalismus als institutionalisierte Selbstkorrektur

Der klassische Liberalismus hatte sein Plädoyer für Staatszurückhaltung auf einem Modell der Privatrechtsgesellschaft gegründet. Gerade die evolutorische Neufassung des liberalen Modells vor allem durch Hayek verweist auf die Entwicklungsoffenheit von Marktökonomien. Diese verlangt von den Marktteilnehmern, sich stets neu auf veränderte Knappheiten einzustellen, wofür sie einerseits größtmögliche Handlungsfreiheit besitzen müssen, andererseits aber in Form von Haftung auch die Folgen ihrer Handlungen tragen. Deshalb besteht zwischen der Ausweitung von Staatstätigkeit jenseits der konstituierenden Voraussetzungen einer Marktwirtschaft im Sinne des ökonomischen Liberalismus und Wohlstandsentwicklung ein grundsätzlich rivalisierendes Verhältnis.

Wir hatten nun gesehen, dass es liberalen Normen grundsätzlich widersprechen würde, die Entscheidung über das Ausmaß von Staatstätigkeit einem gesellschaftlichen Konsens entziehen zu wollen. Insofern kann eine liberale Theorie ein Entscheidungsverfahren, nicht aber die Substanz von Politik normieren, ohne in einen Widerspruch zu den eigenen normativen Prämissen zu geraten. Dies haben Vertragstheoretiker erkannt; dennoch gehen sie davon aus, dass der geforderte gesellschaftliche Konsens substantiell auf eine Wirtschaftspolitik im Sinne des klassischen Liberalismus hinauslaufen würde. Diese Annahme erscheint uns mit Blick auf verbreitete gesellschaftliche Wertvorstellungen, die jeglicher Minimalstaatsidee zuwider laufen, einigermaßen unplausibel. Man muss im allgemeinen wohl eher davon ausgehen, dass Gesellschaften selbst in einem idealen politischen Verfahren, welches ihnen mehr Mitbestimmungsrechte über Politik als in den meisten repräsentativen Demokratien einräumt, den Umfang von Staatstätigkeit großzügiger anlegen werden, als dies in klassisch liberalen Konzepten der Fall ist.

Eine solche Form demokratischer „Self-Governance“ (Dahl) auf der Basis gesellschaftlicher Zustimmung wäre mit einer prozeduralen Norm des Liberalismus vereinbar, womit ein Widerspruch zum ökonomischen Liberalismus offenkundig würde. Nach dem oben Gesagten können sich Gesellschaften jedoch nicht auf einem Primat politischer Self-Governance einrichten. Auch wenn sie sich die wirtschaftspolitischen Normen eines klassischen Liberalismus nicht zu eigen machen wollen, wofür Vieles spricht, bleiben sie mit dessen empirischen Aussagen über das Zustandekommen von Wohlfahrt als Resultat ziviler Verträge konfrontiert. Gesellschaften mögen politische Grundsätze nach Belieben vereinbaren und verfahren insoweit legitim. Aber es entzieht sich ihrem Vermögen, Wohlfahrtsbildung politisch umfassend kausal zu determinieren. Ihr wirtschaftliches Handeln gründet sich auf private Verträge und Kooperationen, die einen offenen Prozess mit unbekannten Zwischenergebnissen vorantreiben. Die begrenzte Antizipierbarkeit ökonomischer Handlungsbedingungen bildet aber eine offene Flanke für langfristige Festlegungen von Politik. Verlangt ein beschleunigter Strukturwandel als Folge der Globalisierung eine Lockerung von Restriktionen für ökonomisches Handeln, so wird eine Gesellschaft kaum an politischen Zielen zulasten ökonomischen Wohlstandes festhalten, sondern vielmehr nach Möglichkeiten eines Ausgleiches suchen. Die Gesellschaft ist dann herausgefordert, den politischen Konsens auf neue ökonomische Erfahrungen abzustimmen und zu überprüfen.

Insofern kann eine Gesellschaft dem Konflikt zwischen Ökonomie und Politik nicht entgehen, auch wenn sie konstitutionelle Schranken für staatliches Handeln im Sinne liberaler Normen von Staatszurückhaltung ablehnt. Die Notwendigkeit einer kritischen Reflexion vereinbarter politischer Grundsätze entspringt vielmehr dem Eigeninteresse der Gesellschaftsmitglieder; denn eine ausgeprägte Präferenz für politische Ziele bedeutet erfahrungsgemäß nicht, dass sich die Gesellschaftsmitglieder mit Wohlstandsverlusten *auf Dauer* abfinden würden. Das allgemeine Interesse an einer Aufrechterhaltung (und Steigerung) des ökonomischen Wohlstands sorgt daher für einen grundsätzlichen Lernanreiz, die ökonomischen Folgen von politischen Handlungen zu perzipieren und Politiken gegebenenfalls einer Revision zu unterziehen. Auf diese Weise kehrt die Ökonomie über einen Umweg in den politischen Diskurs zurück: Während die Norm der allgemeinen Zustimmungspflicht Individuen über die Inhalte von Politik bestimmen lässt und dabei ein Primat Politik als legitim erachtet, informiert die Performanz der Ökonomie über mögliche Interferenzen des politischen Wollens mit dem Wohlstandsniveau der Bürger. So mag ein Bürger als politischer Prinzipal wollen, wirtschaftliches Handeln einer umfassenden Gleichstellungsnorm zu unterstellen, und er mag sich deshalb für ein striktes Antidiskriminierungsgesetz aussprechen. In seiner Rolle als wirtschaftlich Handelnder kann er dieses Gesetz jedoch als bürokratische Regulierung erfahren, die sich – zumal in ihrer Addition zu anderen Regulierungen – als lästig und unerwünscht herausstellt. Nur solange er die von ihm als politischer Prinzipal präferierte Regulierung mit seinen wirtschaftlichen Plänen zu verbinden vermag, zahlt er für seine politische Präferenz keinen unbekannten Preis in Form eines Wohlstandsverzichts. Dieser wird sich aber dann einstellen, wenn ihn die Gesetzesnorm einschränkt, auf veränderte Knappheiten angemessen mit seinen Plänen reagieren zu können. So offenbart sich auf mikroökonomischer Ebene eine Konsequenz des politischen Eingreifens, welche im gesellschaftlichen Diskurs als vernachlässigbare Größe erschien: nämlich dass Handlungsfreiheit eine Ressource für Wohlstand darstellt und nicht folgenlos begrenzt werden kann. Beispiele hierfür lassen sich vor allem in solchen wirtschaftspolitischen Bereichen finden, bei denen die Politikziele einer großen Mehrheit der Gesellschaftsmitglieder einleuchten und eine Bewertung der Nebenwirkungen deshalb unterbleibt.[16] Die Verfolgung politischer Ziele unter Vernachlässigung der Interferenz von Maßnahmen mit der privaten Handlungssphäre kann sich jedoch für eine Gesellschaft als kostspielig herausstellen. Erfolgt der Strukturwandel abrupt und setzt Ressourcen aus bisherigen Verwendungen frei, kommt es auf Handlungsfreiheit entscheidend an, um Einkommenspositionen zu verteidigen. Ein Diskurs ausschließlich über die Sinnhaftigkeit politischer Ziele verfehlt unter diesen Umständen ein entscheidendes Merkmal des Rationalen: nämlich die Abwägung der gesellschaftlichen Kosten eines Politikziels, welche in diesem Falle nicht fiskalisch anfallen, sondern in der unpersönlichen Form eines „bürokratisches Hemmnisses" mit Hebelwirkung für den gesellschaftlichen Wohlstand.

Schlussfolgerungen

Der Topos des reflexiven Liberalismus verweist auf eine anspruchsvolle politische Aufgabe. In ihrer Rolle als Prinzipale in der Demokratie geben sich Gesellschaftsmitglieder idealerweise Regeln für die Gesetzgebung

[16] Ein bedeutendes Anwendungsfeld dürften in diesem Zusammenhang umweltpolitische Regulierungen darstellen, wenn deren unerwünschte Nebenwirkungen in einem schleichenden Prozess zutage treten (s.u.).

und unterliegen keinen substantiellen Beschränkungen hinsichtlich des Designs der Wirtschaftspolitik. Auch ein interventionsfreudiger, ausgabeintensiver Regulations- und Wohlfahrtsstaat kann prinzipiell dem Legitimationserfordernis des politischen Liberalismus nach allgemeiner Zustimmung gerecht werden, sofern die Gesellschaftsmitglieder von den Zielen überzeugt sind. Jedoch darf sich der öffentliche Diskurs nicht nur auf die gesellschaftlichen Ziele beziehen, wenn er das Attribut „rational" reklamieren will. Dazu gehört ebenso die Würdigung der Kosten sowie die Abwägung von Alternativen, welche Gesetze mit geringerem Eingriff in persönliche Handlungsfreiheit betreffen. Dieses Rationalitätserfordernis stellt keine externe (verfassungsmäßige) Handlungsbeschränkung für ein demokratisches Gemeinwesen dar. Es erscheint vielmehr als Handlungsinteresse der Gesellschaftsmitglieder selber: in Abwägung der Kosten entscheidet man für eine bestimmte Politik und handelt in diesem Sinne rational. Da der Ertrag wie auch die Kosten von Politiken im allgemeinen Erwartungsgrößen darstellen, die sich erst ex post verifizieren, sind der Rationalität des Diskurses Grenzen gesetzt. Insbesondere kann die Wirkung von Gesetzen auf individuelle Pläne bestenfalls abgeschätzt und im politischen Diskurs nur begrenzt erkannt und mitgeteilt werden. Entsprechend leidet die Rationalität des politischen Diskurses, der immer auf erwartete politische Folgen abstellen muss und sich auf Überraschungen einzustellen hat.

Daraus ergeben sich Folgen für die Bestimmung von Verfassungsregeln für die politischen Akteure. Bei Ungewissheit über die Nutzen-Kosten-Ausprägungen von politischen Programmen, die im Rahmen von geltenden Verfassungsregeln verabschiedet werden, liegt es im Eigeninteresse der Individuen, die Entfaltung des Nettonutzens post festum zu registrieren und daraus Schlüsse für die eigene Zustimmung zu ziehen: eine Zustimmung „vor aller Erfahrung" steht unter dem Vorbehalt der empirischen Beobachtung. Das wiederum impliziert: auch die Vorläufigkeit von Zustimmung ist in geeigneter Weise zu institutionalisieren. Da man die Opportunitätskosten von Politik nur begrenzt antizipieren kann, muss politisches Handeln als Experiment konzipiert werden, das unter dem Vorbehalt von Erfahrung steht.[17] Der Topos des reflexiven Liberalismus

[17] Zur Ungewissheit von politischen Opportunitätskosten siehe die ausführliche Darlegung in Wegner (2008, Kap. 4).

steht für dieses Erfordernis der Selbstkorrektur einer Gesellschaft, die sich die Regeln für Politik selbst gibt. Die Notwendigkeit einer Reflexion über Politik resultiert aus der Eigenständigkeit der ökonomischen Handlungssphäre, welche in politischen Diskursen nur begrenzt abgebildet werden kann. Die Lebenswelt des Marktes kann die Bewertung politischer Programme stets überholen und generell eine verfassungsmäßige Änderung von Entscheidungsspielräumen der „in-period-politics" nahelegen.

Illustrationen hierfür bietet die Wirtschaftspolitik in reichlichem Maße: Angesichts ökologischer Befunde mag die Gesellschaft radikale Maßnahmen in der Umweltpolitik, wie etwa die Einführung von Umweltabgaben (Ökosteuern) in empfindlicher Höhe, bedenkenlos befürworten. Dieser gesellschaftliche Konsens über eine künstliche Verknappung fossiler Energieträger mittels einer Ökosteuer kann aber nach einer Neubewertung verlangen, wenn Teuerungen auf dem Energiemarkt eingetreten sind, und Preise die Steuerungsfunktion der Ökosteuer übernommen haben. In ähnlicher Weise mag die großzügige Förderung regenerativer Energien breite gesellschaftliche Unterstützung finden. Die Verfehlung von Umweltzielen trotz solcher Maßnahmen kann aber ein Umdenken einleiten, das die Nebenwirkungen umweltpolitischer Handlungsprogramme einbezieht und berücksichtigt: so kann die staatliche Förderung von „umweltfreundlicher" Energieerzeugung die private Suche nach Alternativen auf ein enges Technologiefeld, nämlich das der geförderten Technologien, einschränken und andere zukunftsfähige Methoden der Energieersparnis, welche der Förderung entgehen, unentdeckt lassen. Im Allgemeinen erzeugen wirtschaftspolitische Eingriffe in das Marktgeschehen aus politisch bestimmten Zielen unerwünschte Nebenwirkungen, wobei ihr Ausmaß, je nach Art und Intensität der Eingriffe, unterschiedlich ausfällt. Die Identifikation von Nebenwirkungen macht einen bedeutenden Teil ökonomischer Expertise aus, die solange wenig Beachtung findet, wie die Folgen für umweltpolitische Kosteneffizienz und wirtschaftlichen Wohlstand schleichender Natur sind. Das Interesse daran ändert sich jedoch, wenn die Folgen fühlbar werden und in den Fokus eines allgemeinen Interesses rücken können.

Unter diesen Umständen kann sich die verfassungsmäßige Bindung an einen Konsens über ein wichtiges Politikfeld als hinderlich herausstellen. Rationalerweise sind deshalb Korrekturmechanismen vorzusehen und zu institutionalisieren, welche die Readjustierung politischer Handlungen an Erfahrungen möglich machen, anstatt eine Politik zu perpetuieren, welche zunehmend als nachteilig angesehen wird. Daraus können wiederum Folgen für die vorzusehende Dauer politischer Handlungen und die diskretionären Entscheidungsspielräume politischer Akteure erwachsen. Je mehr man der Möglichkeit von Selbstkorrektur durch die politisch Handelnden misstraut, je eher wäre an eine verfassungsmäßige Einhegung ihrer Entscheidungsspielräume im Sinne Buchanans zu denken.

Aber dies wäre schon eine weiterreichende Schlussfolgerung, welche einen kollektiven Lernprozess voraussetzt.[18] Für eine demokratisch verfasste Gesellschaft erwächst zunächst eine anspruchsvolle Form der Selbststeuerung. Denn ein Konsens über Regeln und Prinzipien von Politik kann eine Gesellschaft nur begrenzt orientieren, selbst wenn solche Prinzipien Verfassungsrang genießen und ein kollektiver Handlungsbedarf in einem wichtigen Politikfeld allgemein als geboten gilt (Sozialstaatsprinzip, nachhaltige Umweltpolitik etc.). Sobald die Nebenwirkungen konsensbasierter politischer Programme eskalieren, z.B. in Form einer Gefährdung des ökonomischen Wohlstands, dürfte das Interesse an einer neuen Aushandlung eines Konsenses wachsen, woraus tiefgreifende Folgen für die Verfassungskultur entstehen können. Dies haben in der jüngeren Vergangenheit die nordatlantischen Wohlfahrtsstaaten erfahren, in denen – trotz Unterschiede in den Ausgestaltungsvarianten – sozialpolitische Ziele als Fundament der Gesellschaft gegolten haben, was eine Reform der Wohlfahrtsstaaten über viele Jahre verzögert hat. Obwohl der Wohlfahrtsstaat empirischen Studien zufolge nach wie vor auf breite Zustimmung in der Gesellschaft zu treffen scheint (Boeri, T. / Börsch-Supan, A. / Tabellini, G., 2001), setzte eine breite gesellschaftliche Diskussion über die Fehlanreize wohlfahrtsstaatlicher Programme ein. Diese Diskussion wurde häufig als gesellschaftliche Destabilisierung erlebt, da sie einen früheren gesellschaftlichen Konsens über den Wohlfahrtsstaat in Frage stellte.

Die wirtschaftspolitische Umsteuerung in Form einer Reform des Wohlfahrtsstaates deutet auf einen gesellschaftlichen Lernprozess hin, den man als Zeichen intakter Demokratie deuten könnte: Ein vermeintliches normatives Fundament der Gesellschaft ist erfahrungsoffen ausgestaltet worden, und die Demokratien haben begonnen, in Bezug auf den Umfang von Staatstätigkeit ein experimentelles Verhältnis zu entwickeln. Damit

---

[18] vgl. Wegner (2005).

einher geht die Etablierung von Formen der Beobachtung (Evaluierung) von Politik, was die Rationalität politischer Selbststeuerung erhöht. Ihre Elemente sind die wissenschaftliche Begleitung politischer Vorhaben ebenso wie der Politikvergleich zwischen verschiedenen Gesellschaften, um Hinweise für die Wirkungsweise des eigenen politischen Systems zu gewinnen.[19] Eine politische Kultur der „Selbstevaluierung" entzieht Ideologien tendenziell den Boden: wer heute vehement für einen Ausbau des Wohlfahrtsstaates als Ausweis einer solidarischen Gesellschaft eintreten möchte, muss damit rechnen, schon bald das Gegenteil vertreten zu müssen, wenn Fehlanreize einer Politik offensichtlich sind und eine Korrektur erforderlich machen sollten. Insofern muss die öffentliche Deliberation von Politiken eine Form finden, welche die Fehlerkorrektur als Ausdruck von Vernunft und nicht als Verrat an den eigenen Überzeugungen erscheinen lässt: Das öffentliche Korrigieren einer früheren politischen Überzeugung gerät zur demokratischen Tugend. Die Kehrseite dieser Reformfähigkeit bildet die mögliche Destabilisierung des Vertrauens in gesellschaftliche Institutionen. Wenn eine gesellschaftliche Übereinkunft den Kontingenzen neuer ökonomischer Daten ausgeliefert wird und daraufhin stets neu verhandelt werden kann, büßt sie ihre Verlässlichkeit und damit ihren Regelcharakter ein. Individuen können ihre ökonomischen Entscheidungen nicht mehr an politischen Grundsatzentscheidungen ausrichten, wenn sich die politischen Akteure eine Korrektur jederzeit vorbehalten. Ein Vertrauen in konsensbasierte Prinzipien und Regeln der Politik kann nur entstehen, wenn gesellschaftliche Diskurse darüber nicht jederzeit eröffnet werden und zur Quelle von Ungewissheit werden. So scheinen etwa die jüngsten Sozialreformen in Deutschland, insbesondere die Rentenreformen der letzten Jahren, zu einer Destabilisierung des Regelvertrauens beigetragen haben. Öffentliche Deliberation über Politik hat daher eine komplexe Aufgabe zu erfüllen: sie dient zum einen dem Ziel, über unterschiedliche Handlungsinteressen hinweg einen Regelkonsens zu finden; zum anderen ist dieser Konsens hinreichend zu stabilisieren und

---

[19] So wurde die größte Sozialreform in der Bundesrepublik, die Hartz-Reformen, von Beginn mit einer aufwendigen (externen) wissenschaftlichen Forschung begleitet, um ihre Wirkung frühzeitig zu erfahren. Noch zehn Jahre zuvor war es für empirische Arbeitsmarktforscher schwierig, Datensätze der Bundesanstalt für Arbeit, etwa für die Wirkungsweise der aktiven Arbeitsmarktpolitik, zu erhalten.

gegenüber kontingenten ökonomischen Datenänderungen abzusichern; schließlich aber ist der Regelkonsens auch erfahrungsoffen auszugestalten. Auch für ihre Selbstkorrektur im Lichte von ökonomischen Erfahrungen hat eine demokratische Gesellschaft erst eine angemessene institutionelle Form zu finden.

II. Reflexiver Liberalismus als politische Option – die Perspektive der politischen Theorie

Vorbemerkung

Die Überschneidungen, Querverbindungen und Ungleichzeitigkeiten von Modernisierungsprozessen (besonders signifikant die soziotechnische Rationalisierung und funktionale Differenzierung) und Globalisierungsprozessen (insbesondere Finanzmarkt-Kapitalismus) in Theorie und Praxis bringen analytische Probleme mit sich, die heute noch nicht aufgelöst sind.[20] Insofern ist der reflexive Liberalismus, den wir proponieren, *eine* politische Option, die zudem sehr voraussetzungsreich ist. Diese eine mögliche Option neben anderen ist aber demokratietheoretisch besonders gehaltvoll und auch politisch-praktisch attraktiv – vor allem dann, wenn ein liberaler Republikanismus und normativer Individualismus im Begründungskontext hinzukommen.

1. Grundzüge eines liberalen Republikanismus

Republikanismus und Liberalismus schließen einander nicht aus[21], sondern sind miteinander in gehaltvoller Weise zu verbinden. Zunächst wird die republikanische Konzeptualisierung vorgestellt, sodann eine liberale Akzentuierung vorgenommen.

Republikanismus

Der Republikanismus hat eine lange ideengeschichtliche Tradition.[22] Sie beginnt für einige Interpreten in der frühen Neuzeit mit Machiavelli (Discorsi), für andere Protagonisten ist ein polisbezogener Neoaristo-

[20] Die Grundfrage lautet: Mehr Angleichung oder mehr Ungleichheit – generell und in relevanten Sektoren.

[21] So noch Michael Sandel 1995 im Rahmen der Kommunitarismus-Liberalismus-Diskussion.

[22] Siehe zum Überblick Blickle/Moser 1999, Llanque 2003, Maynor 2003, Reinalter 1999, Richter 2004, Sullivan 2004, Viroli 2002.

telismus die erste Referenz.[23] Weitere republikanische Klassiker des politischen Denkens sind aus der Antike Cicero[24], aus der Renaissance vor allem Donato Giannotti, sodann Thomas Hobbes (jedenfalls in moderner egalitärer und liberaler Lesart), James Harrington und zu einem dominanten Teil auch John Locke, Montesquieu, Jean-Jacques Rousseau, David Hume und die schottische Moralphilosophie, in Deutschland vor allem Immanuel Kant[25], im transatlantischen Raum Thomas Paine, die Federalists (und ebenso die Anti-Federalists), Alexis de Tocqueville und John Stuart Mill. Für unsere Zeit im weitesten Sinne kommen (neben den immer wieder unternommenen Neuaneignungen und -interpretationen der alten und neuen „Klassiker") vor allem Karl R. Popper und der Kritische Rationalismus sowie Ernst Fraenkel und der Neopluralismus in Betracht, ferner der amerikanische philosophische Pragmatismus von John Dewey bis Richard Rorty sowie aus der neueren normativen

[23] So bei Hannah Arendt und Martha Nussbaum. Siehe neuerdings den Sammelband von Tessitore 2002. Siehe ferner Breier 2003, S 279: „Indem sich verschiedene Personen miteinander verbinden, konstituieren sie in ihrer Pluralität ein gemeinsames Bezugs- und Perspektivengeflecht, das institutionell einer republikanischen Verfassung, einer Vereinbarung unter politisch Gleichen entspricht. Das Entscheidende ist, dass dieser Bürgerbund quer liegt zu allen obrigkeitlichen Herrschaftstypen, seien sie nun traditional, charismatisch oder bürokratisch legitimiert. Im Unterschied zur res privata, in der wir uns verbitten, dass andere sich einmischen, lebt die res publica geradezu davon, dass eine hinreichend große Zahl von Bürgern teilhat. Ein Mensch, der sich nicht an der Polis beteiligt, ist entweder ein Tier oder ein Gott [Aristoteles, Politik, 1253a 27ff.]. Aristoteles weist deutlich darauf hin, dass wer sich souverän, absolut, also gleichsam göttlich wähnt, an einer spezifisch weltbezogenen Lebensweise nicht teilhaben kann. Als Einzelner, der seinen Mitmenschen den Rücken kehrt, verzichtet er geradezu auf eine weltorientierte Existenz, die nur über die Etablierung eines gemeinsamen Handlungs-, Urteils- und Erinnerungsraumes gelebt und erfahren werden kann. Dieser Bereich des Gemeinsamen, der meist alles andere als ein harmonischer ist, eröffnet Bürgern einen Tätigkeitsraum, ohne den sie ihr Bürgersein überhaupt nicht leben könnten, und der aus dieser Teilnahme erwachsende Bürgersinn stellt für die Beteiligten ein gemeinsames Gut dar".

[24] Sein republikanischer Leitsatz lautet: res publica res populi.

[25] Kants moralischer Konstruktivismus ist ein umfassender und damit unbedingter Liberalismus = Republikanismus. Nach seiner realistischen Wende versteht sich auch Jürgen Habermas inzwischen als Vertreter eines aktualisierten und modifizierten „Kantischen Republikanismus".

politischen Philosophie als Exponenten der liberale Universalist John Rawls und der liberale Kontextualist Michael Walzer. Die meisten dieser Autoren können bereits jetzt als „moderne Klassiker" eingestuft werden. Hinzu kommen demokratietheoretische Analytiker wie Ralf Dahrendorf, Hanna F. Pitkin, Robert Dahl und Benjamin Barber, von der kritischen Sozialtheorie her ist auf Jürgen Habermas, Axel Honneth und Helmut Dubiel zu verweisen, ferner im soziologischen Kontext auf Ulrich Beck, Anthony Giddens und Richard Münch, die zumindest in den Hauptzügen ihrer Abhandlungen für eine republikanische Begründung und differenzierte Ausrichtung gerichteter Variabilität in Frage kommen. In der deutschen Politikwissenschaft und politischen Philosophie kann von einer relativ großen Anzahl republikanischer Theoretiker ausgegangen werden, so überwiegend und detailreich (größtenteils dem später noch entfalteten liberalen Republikanismus zuneigend) Ulrich von Alemann, Klaus von Beyme, Hubertus Buchstein, Otfried Höffe, Herfried Münkler, Emanuel Richter, Rainer Schmalz-Bruns, Manfred G. Schmidt und Arno Waschkuhn[26]. Dabei sind alle angeführten Aufreihungen sicherlich noch unvollständig und stark ergänzungsbedürftig. Aber darauf kommt es an dieser Stelle nicht an, vielmehr sollen hier vor allem die Kernbestandteile und Schwerpunkte republikanischer Denkungsart herausgefiltert werden.

Bei allen theoretisch-analytischen Unterschieden im Einzelnen kann vorab als politische Grundauffassung republikanischen Denkens festgehalten werden: „Republikanische Politik ist ein strikt von den Bürgern her konzipiertes Modell des kollektiven Regelungsbedarfs, sie manifestiert sich in Gestalt von demokratischer Öffentlichkeit und politischer Moralität. Die normativen Quellen des öffentlichen Lebens liegen für einen Republikanismus, der sich Zeiten eines raschen und diffusen politischen Wandels gegenübersieht, in den demokratischen Prozessen selbst. Der Republikanismus ... ist ein Modell der kritischen öffentlichen Revision, das systemische Schwächen der Politik aufdeckt, intentionale Täuschungen über den Sinn und die Ziele des öffentlichen Lebens entlarvt, die Belastbarkeit von Leistungsprofilen der Bürger und der politischen Institutionen testet."[27] Dass eine Rückbesinnung

[26] Siehe neuerdings Waschkuhn 2006.

[27] Richter 2004, S. 12f.

auf den Republikanismus und einen entsprechenden Erfüllungs- und Gestaltungsanspruch von Politik gerade in der Hochmoderne vonnöten ist, liegt auf der Hand und ist auch unser argumentatives Anliegen. Allerdings wird, wie angeführt, ein liberaler Republikanismus bevorzugt, da der Republikanismus als solcher weithin noch zu unbestimmt und für konkrete Anwendungszwecke auch normativ zu präzisieren ist.

Ein liberaler Republikanismus baut jedoch auf den Grundannahmen des Republikanismus auf. Dazu gehören folgende Grundsätze: „Eine republikanisch verstandene Demokratie erweist sich als eine Lernform des reflektierten Umgangs miteinander, aus der von allen Bürgern mitgetragene, rationale öffentliche Entscheidungen hervorgehen. Demokratie gilt im Republikanismus, getreu dem überholten Bild von den beiden Körpern des Königs und seiner Repräsentation des ganzen Kollektivs, als jene nun frei gewordene Leerstelle kollektiver Macht, die je nach politischem Entscheidungsbedarf situativ durch die Praxis der Begegnung unter politisch bewussten Bürgern ausgefüllt werden muss.“[28] Als Legitimationsform und Argumentationsfigur geht es um „die Rückführung aller politischen Herrschaft auf die kooperative Grundstruktur menschlicher Existenz und auf den kollektiv vermittelten Willen der Bürger.“[29]

Republikanismus zielt ferner auf den alteuropäischen Topos des gelungenen und ethisch guten Lebens. Mit dieser Ausstattung soll eine Selbstorganisation der Gesellschaft durch Kooperation und Vereinbarungen aufgrund gemeinsamen Beratens, Planens und Entscheidens ermöglicht werden. Volkssouveränität und Selbstregierung sind die gesamtgesellschaftlichen Leitideen, die durch aktive Bürger umgesetzt werden gemäß ihrer bewussten Präferenzen und Bedürfnisse. Interaktive und deliberative Komponenten formen die Handlungsmaximen und Institutionen aus, die reflexiv aufeinander einwirken.[30]

Selbstbewusste Bürger sind aktive Bürger, die im liberalen Republikanismus und dem damit verbundenen Gesellschaftsbild der Selbstorga-

---

[28] Richter 2004, S. 44.

[29] Richter 2004, S. 45.

[30] Bekanntlich sind Institutionen im allgemeinen Sinne Handlungsgewohnheiten und Handlungsregelmäßigkeiten, die nicht ein für allemal fixiert sind. Gesellschaften weisen in den unterschiedlichen sozialen Sphären stets Institutionalisierungs- und Entinstitutionalisierungsprozesse auf. Hauptkonstante ist und bleibt der soziale und politische Wandel.

nisation offene Handlungsräume zur Selbstfindung und Mitgestaltung vorfinden sollen. Der Republikanismus will die Individuen politisch aus struktureller Abhängigkeit befreien und zu einem Verfassungspatriotismus hinführen, damit sie sich als souveräne Bürger mit Leidenschaft um die öffentlichen Angelegenheiten kümmern und dem Gemeinsinn vitale Kraft verleihen. Die auf Recht und Gemeinwohl bezogene politische Gemeinschaft ist die Republik.[31] Hinzu kommt das Erfordernis bürgerlicher und politischer Grundrechte. Ein wichtiger Grundbestandteil des Republikanismus ist ferner eine *caritas* als Fürsorge (für sich und andere), die eine „gegen andere verübte Unterdrückung, Gewalt, Ungerechtigkeit und Diskriminierung als gegen sich selbst verübte Taten empfindet. Gerade weil sie dieser Form der caritas entspringt, zielt die republikanische Politik nicht darauf ab, die Menschen glücklich zu machen, sondern das menschliche Leiden zu verringern."[32]

Jede *civil society* benötigt ein *fellow-feeling* im Sinne von Empathie. Das ist insbesondere von der schottischen Moralphilosophie herausgearbeitet worden. Selbstliebe und Wohlwollen für andere sollen einen *moral sense* herausbilden. Aber es sind ebenso Institutionen vonnöten, insofern individuelle und kollektive Vernunft keineswegs in prästabiler oder voraussetzungsloser Weise koinzidieren. Gesellschaftliche Regeln und mit ihr die politischen Institutionen entstehen aus anthropologischen, verhaltensdispositiven und sozialen Gründen: „In Institutionen sind individuelle Interessen und Bedürfnisse, Meinungen und Optionen ebenso aufgenommen wie die allgemeinen Ziele der Gerechtigkeit und der Friedenssicherung, aber sie werden jeweils, sobald institutionelles Handeln einsetzt, auf ihre Verallgemeinerungsfähigkeit hin überprüft. Institutionen

---

[31] In Humes Entwurf einer politischen Utopie („Idee einer vollkommenen Republik") wird hieraus eine Zivil- und Bürgergesellschaft entwickelt, und zwar als „eine Republik, deren konstitutive Prinzipien die föderative Dezentralisierung, die institutionelle Ausbalancierung von Macht und die strikte Verantwortlichkeit gewählter Repräsentanten" darstellen, Bermbach 1988, S. XXXVII. In der Humeschen Konzeption ist jeder Bezirk eine Republik für sich und Hume plädiert ebenso für eine rationalitätsfördernde Debatte aller öffentlichen Angelegenheiten, also für die deliberative Demokratie. – Humes politischer Utopieentwurf findet seine moderne Entsprechung in den „Spheres of Justice" von Michael Walzer.

[32] Viroli 2002, S. 22. – Popper spricht sich in diesem Zusammenhang ebenfalls für den Vorrang eines negativen Utilitarismus aus (Minimierung von Leid).

erweisen sich so als intermediäre, organisatorische Verfestigungen, deren je selektive Integrationsleistung mit einer starken Bindungswirkung der von ihren Entscheidungen Betroffenen korreliert."[33]

Der partizipative und karitative Anspruch dementiert eine repräsentativ-demokratische Reduktion auf Eliten und Experten, ohne diese exkludieren zu wollen. Republikanismus ist eine allgemeine und uneingeschränkte res publica-Orientierung in Form deliberativ-reflexiver Kooperation, die auf Subsidiarität und dezentrale Selbststeuerung setzt, um kluge Entscheidungen und gutes Regieren in sozialer Verantwortung hervorzubringen. Im Medium der Öffentlichkeit und gesellschaftlichen Selbstverständigung sollen Konsensualisierungs- und Vermittlungsprozesse erfolgen, die eine dynamisch-responsive Demokratie ausmachen. Damit verbunden ist eine größtmögliche Verlagerung von Handlungskompetenzen auf die einzelnen Bürgerinnen und Bürger, die in politischen Interaktionen sich selbst sowie ihre zivilen Tugenden kennen lernen und ausformen. Es herrscht indes kein gleichsam marktförmiges Vertrauen auf das freie Spiel moralischer Ressourcen vor, vielmehr handelt es sich um reziproke Austausch- und Anerkennungsprozesse, deren Konfliktdimensionen keinesfalls zu vernachlässigen sind, sich aber durchaus sozialintegrativ auswirken, wenn Konfliktregeln eingehalten und Lernpathologien vermieden werden können. Ferner handelt es sich bei dem kompetitiven Streit um Werte, Normen und Regeln hinsichtlich ihrer gegenseitigen Abstimmung, Vereinbarung, Modifikation und Revision immer auch um multiple Prozesse intrinsischer Motivation und wechselseitig erneuerter Selbstverpflichtungen, weil man ansonsten über einen bloßen modus vivendi nicht hinaus käme.

Liberaler Republikanismus

In historischer Sicht „stehen Republikanismus und Liberalismus in einem Verhältnis von Abstammung und Erneuerung"[34], aber der Liberalismus ist stärker individualistisch orientiert und zuvörderst am Schutz von Leben,

---

[33] Bermbach 1988, S. XX.

[34] Viroli 2002, S. 72.

Freiheit und Eigentum des Einzelnen interessiert. Der moderne liberale Republikanismus geht ebenso von einem normativen Individualismus aus und will die freiheitlichen und assoziativen Kreativitätspotenziale[35] der Einzelnen in gesellschaftlicher und gemeinschaftsrepräsentativer Einbettung, mithin das „soziale Individuum" fördern bzw. effektuieren.[36] Dabei sind die soziopolitischen Umraumbedingungen als Handlungsframes und die zahlreichen soziokulturellen Kontextfaktoren für die sozialen Subjektivitätspraktiken mit zu berücksichtigen.

Bereits Machiavelli legte ein komplexes Handlungsgeflecht zugrunde, das sich in Sonderheit aus diesen konfigurativen Grundelementen zusammensetzt und damit je nach Intensität und Reichweite eine spezifische Logik der Situation konstituiert. Neben der für Machiavelli typischen Verschränkung von *fortuna* als Schicksal oder Kontingenz und der diesseits gerichteten *virtù* als Entschlusskraft und Handlungsfähigkeit sind als variable Kontextfaktoren noch die *occasione* als Handlungssituation und die *necessità* als Zwang der Lage ins Kalkül zu ziehen. Der necessità kann durch *ragione*, Vorausberechnung, begegnet werden, die fortuna durch virtù im Sinne politischer Energie positiv beeinflusst werden, jedenfalls der Chance nach. In den „Discorsi" legt Machiavelli ferner da, dass das Gemeinwohl nur in den Republiken Beachtung finden könne, „weil die Bürger die Macht haben, Entscheidungen zu treffen, auch wenn sie zum Schaden des einen oder anderen Privatmanns ausschlagen sollten, und sie können mächtige und anmaßende Einzelne daran hindern, ihre partikularen Interessen durchzusetzen – und auf diese Weise die gemeinsame Freiheit zu schützen."[37]

---

[35] Der XX. Deutsche Kongress für Philosophie widmete sich Ende September 2005 dem inzwischen schon modischen Thema der „Kreativität". Hier verwies u.a. Wolfgang Welsch auf die Evolution als Urbild aller Kreativität. – In unserem Zusammenhang ist festzuhalten: Kreativität und schöpferisches Lernen sind aufeinander verwiesen und befähigen dazu, Neu(an)ordnungen vorzunehmen, Innovationen zu implementieren und neue Herausforderungen zu bewältigen.

[36] Siehe auch di Fabio 2005, S. VI: „Freiheit ist viel bindungswilliger, viel gestaltungskräftiger und weit weniger formbar als von den Protagonisten einer hedonistischen Freizeitgesellschaft oder den Propagandisten einer sozialtechnisch zugerichteten schönen neuen Welt suggeriert."

[37] Viroli 2000, S. 239. – Siehe auch Maynor 2003, S. 130: „Machiavelli argues that the only positive way to deal with the prevalent difference and diversity found within society is to incorporate all groups into the political system so that

Generell ist die (mit Toleranz gepaarte) Freiheitsidee ein liberales Momentum, ihre Einbettung als Freie und Gleiche ein republikanisches Credo. Problemorientiertes Kommunizieren und Handeln bedarf der Individualität und Kooperation, der einzelnen Köpfe und eines gemeinsamen Rahmens. Der Einzelne ist weder handlungsvollkommen noch ein Desperado oder ein Regelbefolgungsautomat, er ist nicht nur ein radikaler Nutzenkalkulierer und -maximierer, sondern ebenso mit Gemeinsinn begabt. Für Konflikte gibt es das Verständigungsmittel der Sprache, die als Metainstitution und Interaktionsmedium dazu befähigt, Argumente und Ideen zu transportieren und wirken zu lassen. Ausgangspunkt jeder Gesellschaftskonzeption und auch der differenzierten Staatsbegründung ist ein normativer Individualismus. In den weiteren Meso- und Makrosphären eines heterarchischen Mehrebenensystems, das sich heute mehr und mehr mit Regimebildungen und Netzwerken ausformt, manifestieren sich Assoziationsmodi, die die unaufhebbare Prozessualität tentativ strukturieren. Ziel ist die Vermeidung von Zwang und Bevormundung für den Einzelnen und die Herbeiführung einer gerechten und anständigen Gesellschaft, in der jeder von seinen Freiheitschancen und Talenten ungehinderten Gebrauch machen kann, ohne den anderen Subjekten und Kollektiven zu schaden. Dies bedeutet zugleich die Anerkennung von Alterität und im Handlungsvollzug auch eine durch *moral awareness* angeleitete responsive Ausrichtung auf den/die Anderen. Es gehört dies unabweisbar zur lebendigen Vernunft und intelligenten Sinnlichkeit einer offenen Gesellschaft und liberalen Demokratie – und zwar auch im Sinne eines Gradmessers.

Der für den liberalen Republikanismus grundlegende normative Individualismus ist notabene vor allem eine Beobachtungs- und Bewertungsperspektive, ein weltaufschließendes und komplexitätsreduzierendes Konstrukt, das sich nur insofern auf konkrete Personen als denkbare und potenzielle Akteure bezieht, als sie von vermeintlich absoluten Wesenheiten absieht und den methodologischen Individualismus mit Sollensvorstellungen anreichert. Dieser Idealtypus realisiert sich erst in der Kooperation, mithin durch freiwillige Interrelationen und Assoziationen aufgrund individueller Entscheidungen und motivierter

---

they can use republican citizenship and technology to resolve their differences without threatening liberty."

Anschlussfindungen. Grenzenübergreifende *tradeoffs* und Regelsetzungen in unterschiedlichen Sphären gewinnen in der fluiden Hochmoderne ohnedies verstärkt an Raum und sie bieten dem Einzelnen neue Entfaltungschancen. Monistische Geschlossenheit eignet keiner Gesellschaftsformation mehr, sodass es darauf ankommt, mit dem Pluralismus und seiner Orientierungsvielfalt in der Optionsgesellschaft individuell und kollektiv in sozialproduktiver Weise zurecht zu kommen, zumal sich auch Politik und staatliches Handeln unweigerlich entgrenzen.

Der liberale Republikanismus hebt die Dichotomisierung eines egozentrierten Liberalismus und eines überwiegend auf Citoyennität fixierten Republikanismus auf, indem sowohl eine starke Individualität[38] als auch eine gerechtigkeitsorientierte Partizipation an den öffentlichen Angelegenheiten gefordert werden. Er vermeidet indes zu starke und einengende Gemeinschaftsimplikationen, ist demgegenüber auf Pluralität und Offenheit ausgerichtet. Der liberale Republikanismus anerkennt Heterogenität und Differenz, setzt für Vergemeinschaftungen und Synchronisationen auf Reziprozität, Intersubjektivität wie Prozessualität und will stets aufs Neue zu einer offenen Weltbegegnung beitragen. Der Republikanismus liberaler Prägung umfasst die folgenden Topoi und Eckpunkte: Citizenship, bezogen auf die Mitgliedschaft/Zugehörigkeit in/zu einer selbstbewussten politischen Gesellschaft – aktiver Bürgersinn – tolerante Anerkennung (*recognition*) von Alterität und relativ autonomen Lebenssphären – Chancengleichheit im gesellschaftlichen Verkehr und fairer Wettbewerb – Rechtsegalität und Gesetzestreue sowie distributive Equität (Angemessenheit) – Leistungsethik und Glücksstreben – Verbesserungsdrang und prozeduralistische Vernunft – Selbstorganisation und öffentliche Kommunikation[39] – Machtbegrenzung und Gewaltenteilung – Kompromissbereitschaft und sozial reflexive Lernbereitschaft.

---

[38] Hier käme u.a. auch eine Reaktualisierung der Philosophie von Jean-Paul Sartre in Frage, vgl. Schönherr-Mann 2005.

[39] Der öffentliche Diskurs kennt einen Verbund von fünf Arenen: Eine Arena der lebensweltlichen Verständigung, eine Arena der zivilgesellschaftlichen Dialoge, eine richtungspolitische Arena der Verbände, Vereine und Parteien, eine publikumsorientierte Arena der Massenmedien und die Spezialisten-Arena der politischen Klasse (Politiker, Experten, Journalisten, Intellektuelle), vgl. Meyer 2005a, S. 165.

Der liberale Republikanismus ist auch individuell voraussetzungsreich, denn er erwartet vom Einzelnen eine selbstverantwortliche Lebensführung, wobei Defizite durch das Subsidiaritätsprinzip entschärft und ausgeglichen werden können. Eigenverantwortung und *community*-Bezug haben Hand in Hand zu gehen und relativieren damit auch den privaten Egoismus. Eine ungehemmte Nutzenmaximierung stößt ohnehin auf sozietale Anerkennungsprobleme und sozialethische Schranken. Ohne Anerkennung und bei sozial dominanter Missbilligung bestimmter Praktiken, wie legal auch immer, ist kein Humus für positiv bestätigte Selbstwertgefühle selbst bei äußeren Erfolgen mehr gegeben. Belohnungssysteme sind nicht nur utilitaristisch ausgerichtet, sondern ergeben sich aus Handlungs- und Wertzusammenhängen sowie Gefühlslagen.[40]

Liberaler Republikanismus setzt politisch insbesondere auf eine offene und diskursive Öffentlichkeit als Handlungs- und Erfahrungsraum. Vereinigungsfreiheit, Wettbewerb und Debatte sind seit jeher liberale Essentials. „Eine auf die Zivilgesellschaft gerichtete Politik, die den Bürgern ... die Möglichkeit bietet, staatsbürgerliches Verantwortungsbewusstsein durch freiwillige Teilnahme an einer breiten Auswahl von Vereinigungen zu stärken, ist, wie Benjamin Barber festgestellt hat, die beste Art, dem klassischen Republikanismus zu einem modernen, politisch und sozial wirksamen Ausdruck zu verhelfen. Nach Barbers Vorschlag sollte man die Gedanken Machiavellis und Tocquevilles zusammenführen und an die Schaffung eines öffentlichen Raumes denken, der weder ganz vom Individuum noch zu sehr von der Gemeinschaft bestimmt ist. Machiavelli und Tocqueville zu verbinden, mag vielleicht kühn klingen, doch ich [Viroli, A.W.] bin der Meinung, dass damit das politische Denken auf die Vorstellung einer Republik gerichtet wird, die nicht nur Staat und

[40] Menschen tun immer wieder Dinge, die ihnen schaden, was nicht nur auf unvollständige Informationen zurückzuführen ist, sondern ebenso auf Emotionen, wozu Zuwendungen und subkutane Abneigungen, ferner Wertbindungen resp. Ligaturen gehören. Kognitive und expressive Handlungsdimensionen nicht-logischer Art („Herz und Bauch“) sind kaum säuberlich zu separieren. Hinzu kommt, dass jedes soziale Handeln immer auch ein Probierhandeln ist, das auf eine Bestätigung von Problemlösungsversuchen ausgerichtet und generell auf Rückkoppelungsschleifen angewiesen ist, um allfällige Neujustierungen vorzunehmen und eine verlässlichere Unsicherheitsabsorption zu erreichen.

auch nicht nur Supermarkt ist, sondern eine vielgestaltige pluralistische Zivilgesellschaft."[41]

Soziale Demokratie

Der liberale Republikanismus ist zugleich eine neu bestimmte Konzeption sozialer Demokratie.[42] Damit wird zugleich eine libertäre Ausrichtung dementiert. Soziale Demokratie ist ebenso ein Spezifikum des „alten Europa" innerhalb der westlichen Welt. Sie bezieht sich auf die gerechte Verteilung von Lebenschancen und von gesellschaftlichen Teilhabemöglichkeiten. Gegenüber einem Libertarismus wird auf Solidarität geachtet und Ungleichheit nicht einfach goutiert. Demokratie wird ferner als eine Lebensform, nicht nur als ein Staatsformprinzip verstanden.

Es können die Attribute „liberal" und „sozial" nicht zu einem Gegensatzpaar aufgebauscht werden. Von der gleichen größtmöglichen realen Freiheit aller Bürgerinnen und Bürger ausgehend, wie sie dem normativen Individualismus zugrunde liegt, kommen zwei konstitutive Momente in Betracht. Erstens die prinzipielle Gleichheit des Freiheitsanspruchs: „In einer wahrhaft freiheitlichen Gesellschaft findet die legitime Freiheit des einen ihre ethische Grenze stets im gleichberechtigten Anspruch aller anderen. Der echte Liberale ... begreift die staatsbürgerliche oder republikanische Gleichheit aller als Kriterium einer liberalen Gesellschaftsordnung. ... Der ethische Kern des politischen Liberalismus, der die emanzipatorische Kraft des bürgergesellschaftlichen Ideals ausmacht, ist die tiefe Überzeugung von der moralischen Gleichheit aller Menschen in ihrer humanen Würde" – und zwar als Subjekte selbstbestimmten Denkens und Handelns. Das zweite Moment bezieht sich auf die reale Qualität der Bürgerfreiheit: Reale Freiheit heißt, im Lebensalltag über konkrete Optionen zu verfügen. Nur wer real wählen kann, kann wirklich ein selbstbestimmtes Leben führen."[43] Damit ist ein sozialstaatlicher Selbstanspruch der Bürgergesellschaft impliziert, bezogen auf civil,

---

[41] Viroli 2002, S. 135.

[42] Siehe insbesondere Meyer 2005a u. 2005b.

[43] Ulrich 2005, S. 11.

political and social rights, wie es schon bei Thomas H. Marshall hieß. Es ist keine Frage, dass die republikanische Gleichheit freier BürgerInnen unverzichtbar die Gewährleistung tragfähiger sozioökonomischer Lebensbedingungen für alle voraussetzt, weil dies wiederum die Voraussetzung ist, „dass der Status und die Selbstachtung jedes Bürgers und jeder Bürgerin als real freie Person nicht verletzt werden. Wie Avishai Margalit ... gezeigt hat, kommt es dabei darauf an, dass eine ‚anständige' Gesellschaft (decent society) mit ihren Regeln und Institutionen niemanden der demütigenden Erfahrung aussetzt, die Kontrolle über das eigene Leben zu verlieren."[44] Eine Umstellung von kompensatorischer Sozialpolitik auf subsidiäre und emanzipatorische Gesellschaftspolitik wäre vonnöten, denn: „Wer real frei ist, kann sich selber helfen und benötigt (abgesehen von Schicksalsschlägen) keine ‚Sozialhilfe'. Das Ziel ist die schrittweise Umorientierung der Sozialpolitik von der materiellen Symptombekämpfung auf die Beseitigung der ursächlichen strukturellen Ohnmacht der schwächeren Gesellschaftsmitglieder."[45] Insofern ist auch die Marktwirtschaft zu zivilisieren, insofern in einer Bürgergesellschaft der freie Bürger und seine Anrechte mehr zu gelten haben als der „freie" Markt, dem insofern gewisse Schranken zu setzen sind. Weder Marktradikalismus noch Sozialpaternalismus sind insofern zukunftsfähig.

Soziale Demokratie will einen Mix herstellen aus den drei Modi der Selbstregulation: Staat, Markt und Zivilgesellschaft. Dies hängt zusätzlich ab von den Ausprägungen politischer Kultur und dem Humankapital einer Gesellschaft. Gegenüber unkoordinierten Marktwirtschaften (USA, Großbritannien, Australien, Kanada, Neuseeland und Irland) werden koordinierte Marktwirtschaften (Deutschland, Japan, Schweiz, Niederlande, Belgien, Schweden, Norwegen, Dänemark, Finnland und Österreich) bevorzugt. Die *varieties of capitalism* geben nicht Auskunft darüber, dass und inwiefern ein Typus deutlich überlegen ist, vielmehr sind beide Typen ökonomisch gut positioniert und leistungsfähig. Individuelle Handlungsfähigkeit ist beiderseits die Grundlage, bei der sozialen Demokratie sind Märkte indes stärker zweckorientiert politisch einzubetten. Übergeordneter Maßstab für die soziale Einbettung der

---

[44] Ulrich 2005, S. 11.
[45] Ulrich 2005, S. 11.

Märkte ist die Sicherung der gleichen Lebenschancen und der gleichen Würde aller.

Für diese Konzeption bleibt ein Primat der agierenden und wechselhaft regierenden, administrativen Politik und seiner parlamentarisch legitimierten *policies* (Makrosteuerung, Sozialpolitik, Arbeitsmarktpolitik, Ökologiepolitik und Bildungspolitik) unabdingbar, aber es muss eine zivilgesellschaftliche Fundierung hinzu kommen. In politisch-kultureller Hinsicht sind vor allem verständigungsorientierte Interaktionsformen mit inkludierenden Ausrichtungen und möglichst breiten Akteurskonstellationen zu fördern.

Für den liberalen Republikanismus und normativen Individualismus kann auf die sozialphilosophischen Grundlegungen von John Rawls („Politischer Liberalismus") und Michael Walzer („Sphären der Gerechtigkeit") als Hintergrundannahmen verwiesen werden. Mit der Gedankenfigur des overlapping consensus seitens des späten Rawls kann die Idee der komplexen Gleichheit von Walzer im Sinne einer endogen basierten differenzierten legitimen Politik verbunden sowie im Rahmen eines ***kontextuellen Universalismus*** entfaltet werden.[46] Unter einem kontextuellen Universalismus ist hierbei zu verstehen, dass Universalien nicht unbedingt und vollständig vorhanden oder bereits gegeben sein müssen, sondern dass man sie auch definieren und vereinbaren, also für künftige Handlungsausrichtungen und Politikgestaltungen auch normativ-diskursiv kreieren kann. Sie müssen indes zueinander passen und können auch Sphärendifferenzen beibehalten. Mit anderen Worten: Die Institutionalisierung eines größeren, aber nicht umfassenden Werterahmens und spezifizierte Einzelwerte in den jeweiligen Sphären schließen sich nicht gegenseitig aus.

Insofern es unhinterfragbare letzte Gründe und erste Prinzipien im Sinne einer absoluten Wahrheit entweder nicht gibt oder wir diese nicht adäquat erfassen können, müssen wir uns wissenschaftlich um eine größtmögliche intersubjektive Rationalität bemühen, ohne das unbestreitbare und auch normativ wünschenswerte Faktum eines vernünftigen Pluralis-

---

[46] Natürlich ist dies möglich, obwohl Rawls ein dezidierter Universalist ist und Walzer kontextualistisch argumentiert. Sie sind aber – wie Rorty – gleichermaßen politisch Liberale. Ihre Ansätze und Entwürfe sind also durchaus anschlussfähig und produktiv kombinierbar, auch wenn sie es selbst nicht unternommen haben.

mus unterschiedlicher Auffassungen und damit verbundener differenter Rationalitätsbegriffe zu destruieren. Es geht insofern unter integrativen Gesichtspunkten um eine Einheit in der Vielfalt, um Differenzen sozialproduktiv auszuhalten und Gegengründe als sinnbereichernd ansehen zu können. Der vom späten Rawls vorgeschlagene pragmatische Problemlösungsversuch besteht darin, Toleranz[47] (auch im Sinne von Ambiguitätstoleranz) zu üben und gleichzeitig einen overlapping consensus anzustreben. Während Walzer durch relative Autonomisierung und Aufrechterhaltung getrennter Sphären – man könnte auch von Subsystemen sprechen – eine multidimensionale Distributionsgemeinschaft komplexer Gleichheit einrichten will, um eine maximale Differenzierung zum Nachteil von Monopolisierungen, Gleichschaltungen und Nivellierungen sicherzustellen, will Rawls Fairnessgerechtigkeit und insbesondere eine Besserstellung und Bevorzugung der Unterprivilegierten erreichen. Darüber hinaus soll ein überlappender Konsens über Grundsätze sozialer und politischer Gerechtigkeit eruiert werden und auf der Basis demokratischer Grundstrukturen für die normative Integration einer gerechten und politischen Ordnung sorgen. Der overlapping consensus ist dabei nicht einfach ein bloßer modus vivendi, da die zueinander passenden Werte und Wertsegmente im Rahmen einer politischen Konzeption vornehmlich aus moralischen Gründen und innerer Bejahung akzeptiert werden. Er ist auch nicht einfach ein Kompromiss zwischen divergierenden Auffassungen und Interessen, vielmehr soll er auf einer Gesamtheit von Gründen beruhen, die innerhalb der von jedem einzelnen Bürger bejahten umfassenden Lehren in je eigener Perspektive genannt werden. Eine Letztbegründung wird mit der Idee des overlapping consensus ausdrücklich nicht angezielt, der somit auch weiterhin genügend und reichlich Raum lässt für die Verfolgung eigener Lebenspläne. Was Rawls indes erwartet und postuliert, ist die Ausbreitung eines starken und reziproken Gerechtigkeitssinnes als

---

[47] Vgl. auch das in diesem Kontext vom Rawls-Interpreten Wilfried Hinsch formulierte allgemeine Toleranzprinzip: „Keine Konzeption des Guten, wie vernünftig und wohlbegründet sie auch sein mag, berechtigt ihre Vertreter dazu, mit Hilfe staatlicher Zwangsgewalt Dinge durchzusetzen, über die zwischen Bürgern vernünftige Meinungsverschiedenheiten bestehen.“ Hinsch 1994, S. 35. – Walter Reese-Schäfer 1997, S. 636 kennzeichnet die Botschaft des späten Rawls so: „Die Menschen in einer Demokratie müssen auch dann zusammenleben und sich auf Regeln einigen können, auch wenn sie philosophisch anderer Ansicht sind.“

Elementartugend, die gesamtgesellschaftlich mehr und mehr als operative Kernmoralität fungiert. Die Pointe der neueren Reflexionen von Rawls schließlich ist darin zu sehen, dass er einen Primat des Politischen behauptet. Die Ergebnisse eines unverstellten politischen Meinungs- und Willensbildungsprozesses haben den Vorrang vor den Resultaten philosophischer Diskurse, d.h. die Volkssouveränität ist wichtiger und höher einzuschätzen als jede politisch-philosophische Semantik über das Gute, jedenfalls in Bezug auf die politische Konzeption.

Zugleich anerkennen diejenigen, die die politische Konzeption vertreten, andere Werte und Tugenden an, die zu weiteren Bereichen des nicht politischen Lebens gehören. Der liberale Konsens ist daher nur teilweise umfassend und eine politisch umfassende Lehre darüber hinaus praktisch unnötig. Fundamentale Unterschiede und Meinungsverschiedenheiten können beibehalten werden, wenn man gleichwohl einen Minimalkonsens als gemeinsamen Orientierungsrahmen bejahen kann. Die politisch-konzeptionelle Übereinkunft hat ihre politisch-praktische Aufgabe „erfüllt, wenn sie unsere Auffassungen zu klären scheint, unsere wohl erwogenen Urteile in größere Übereinstimmung bringt und die Gewissensüberzeugungen derjenigen einander annähert, die die grundlegenden Ideen einer konstitutionellen Ordnung anerkennen."[48]

Die politische (= allgemeine und nicht umfassende) Konzeption kann vermöge des overlapping consensus von verschiedenen Standpunkten wohlerwogener Überzeugungen heraus akzeptiert werden, die anderen Themen und Werthaltungen (sowie Lebensweisen) können kontrovers oder unterschiedlich bleiben und um Dominanz durch Überredung oder nicht aggressive Bekehrung konkurrieren; für ein Kooperationssystem sind sie indes als solche kaum tauglich und finden auch keinen Eingang in den übergreifenden Konsens, der die politische Konzeption selbstevident und gleichsam unmerklich stützt: Er gehört zum nicht mehr oder kaum noch hinterfragten Selbstverständnis liberaler Demokratie. Bestimmte Themen können gleichzeitig von der politischen Tagesordnung genommen und als ein für allemal ausgeschiedene Institutionen betrachtet werden, wie zum Beispiel Leibeigenschaft und Sklaverei, während es bei der Todesstrafe offenbar noch immer nicht so weit ist, ihre Abschaffung nur segmentär gilt.

---

[48] Rawls 1998, S. 247.

Rawls geht es um eine wohlgeordnete Gesellschaft bzw. um ein intergenerationales Kooperationssystem, das von öffentlichen Gerichtigkeitsgrundsätzen wirksam reguliert wird und auf dem Prinzip der fairen Chancengleichheit sowie auf einem spezifischen Differenzprinzip beruht.[49] In seinen Studien zum politischen Liberalismus stellt der späte Rawls angesichts des Faktums des Pluralismus in Sonderheit auf die Idee des overlapping consensus ab. Hiernach geht Rawls – um es wegen häufiger Missverständnisse nochmals zu verdeutlichen – davon aus, dass es unterschiedliche Konzeptionen des Guten gibt, die aber eine Schnittmenge wesentlicher gemeinsamer Elemente (Grundsätze, Standards, Ideale) gewissermaßen als Theoreme enthalten, die operationalisierbar sind in Form eines Kataloges bzw. Kanons an Grundrechten, Grundfreiheiten und Chancen, woran sich der öffentliche Vernunftgebrauch zunächst einmal getrost halten könne. Der overlapping consensus ermöglicht es moralisch wie politisch-praktisch, ohne Angst verschieden sein zu können und im weiteren Prozessieren können auch soziokulturelle Begegnungszonen gestiftet werden.

Der overlapping consensus[50] ist – wie erwähnt – nicht einfach ein modus vivendi oder Kompromiss, sondern beruht auf einer Gesamtheit von Gründen. Er beruht auch nicht (jedenfalls nicht ausschließlich) auf Eigen- oder Gruppeninteressen und die zu bewirkenden Konvergenzen kommen auch nicht verhandlungs- und vertragsförmig zustande. Sie begründen auch keine Autorität, vielmehr handelt es sich um eine moralische Konzeption sui generis: „Alle, die die politische Konzeption

---

[49] Die zwei Gerechtigkeitsgrundsätze von Rawls lauten in einer neueren Fassung: „(a) Jede Person hat den gleichen Anspruch auf ein völlig adäquates System gleicher Grundrechte und Freiheiten, das mit demselben System für alle vereinbar ist, und innerhalb dieses Systems wird der faire Wert der gleichen politischen (und nur der politischen) Freiheiten garantiert. – (b) Soziale und ökonomische Ungleichheiten müssen zwei Bedingungen erfüllen: *erstens* müssen sie mit Ämtern und Positionen verbunden sein, die allen unter Bedingungen fairer Chancengleichheit offen stehen, und *zweitens* müssen sie sich zum größtmöglichen Vorteil für die am wenigsten begünstigten Gesellschftsmitglieder auswirken." Rawls 1998, S. 69f. – Das Differenzprinzip nach (b) 2. kann auch als eine interessante Variante des Subsidiaritätsprinzips verstanden werden.

[50] Es bestehen zahlreiche Analogien zur deutschen Pluralismustheorie, wie sie Ernst Fraenkel ausformuliert hat. So kann der overlapping consensus auch als „nicht-kontroverser Sektor" verstanden werden.

bejahen, beginnen innerhalb ihrer eigenen umfassenden Auffassung und gehen von den darin enthaltenen religiösen, philosophischen und moralischen Gründen aus. Die Tatsache, dass die Menschen dieselbe politische Konzeption aus diesen Gründen bejahen, lässt ihre Bejahung je nachdem nicht weniger religiös, philosophisch oder moralisch werden, denn es sind diese ernst gemeinten Gründe, welche den Charakter ihrer Bejahung bestimmen".[51] Aufgrund des moralischen Empfindens und hieran geknüpften Bejahens der die politische Konzeption mitbestimmenden Auffassungen bleibt der übergreifende Konsens weitgehend stabil und ist ebenso relativ unabhängig von möglichen politischen Machtverschiebungen, denn: „Jede der Auffassungen unterstützt die politische Konzeption aufgrund ihrer eigenen Vorzüge um ihrer selbst willen".[52] Die politische Konzeption ist mithin gemeinschaftsrepräsentativ und eine frei stehende Konstruktion. Sie verfügt über eine operative Selbstbezogenheit und Offenheit, über eine Eigendynamik und einen Selbststand, wie es bei Meta-Institutionen üblich ist, aber sie opponiert unter Vernunftvorbehalt nicht den privaten Vollkommenheitsträumen.

Der overlapping consensus im politischen Kontext kann nicht auf Superlative gründen, denn die politische Konzeption muss nicht umfassend sein, wenngleich sie durchaus erweiterungsfähig ist. Sie muss nicht protomathematisch „stimmig", sondern für die politische Praxis tragfähig sein. Der transversale overlapping consensus ist mithin endogen basiert und nicht exogen verschrieben oder von oben oktroyiert. Der durch den Grundkonsens maßgeblich geprägte Bereich des Politischen ist allgemeiner und dadurch zugleich enger konfiguriert als das komplexe Gesamtspektrum der besonderen umfassenden vernünftigen und dispersen Auffassungen in den sozialen und lebensweltlichen Sphären.

Der liberale Kontextualist Michael Walzer hat in seinen Überlegungen zur „Sphären der Gerechtigkeit" das Modell einer *komplexen Gleichheit* entworfen, das sich zum Konzept des overlapping consensus als pluralistisch konvergent erweist („Einheit in der Vielfalt"). Zusammen genommen verbinden sich die Ansätze von Rawls und Walzer zu einem kontextuellen Universalismus. Es handelt sich um Institutionalisierungen bzw. Handlungs- und Lebensordnungen, die über signifikante

---

[51] Rawls 1998, S. 236.

[52] Rawls 1998, S. 236.

Selbstsymbolisierungen und geteilte Orientierungen von Akteuren eine gemeinschaftsrepräsentative Wirklichkeit erlangen, und zwar im Hinblick auf universelle wie auch kulturspezifische Geltungsansprüche und -gründe, die jeweils einer soziokulturellen Form und Strukturierung bedürfen. Die partikularen und makroregionalen Kontexte bis hin zu universellen Werthorizonten sind als unterschiedliche Ebenen von Ordnungsvernetzungen zu verstehen, die kontingent, aber eben nicht willkürlich oder beliebig sind, da sie auf innerer Bejahung oder Sozialisations- und Enkulturationsprozessen beruhen resp. im öffentlichen und sphärenverbindlichen, stets von Regeln, Normen und Sanktionen umstellten und durchwirkten Handlungsgebrauch sind.[53] Der reflexive Liberalismus setzt in diesem Zusammenhang indes mehr auf Selbstorganisation denn auf Herrschaftsüberformung.

Der politisch-philosophisch Liberale Walzer, wie Rawls ein Protagonist normativer Ethik, propagiert eine „Trennungskunst" in dem Sinne, dass – metaphorisch verstanden – gute Zäune für eine gute Nachbarschaft sorgen können bzw. im erweiterten Sinne: „Gute Zäune garantieren gerechte Gesellschaften."[54] Walzer will in seiner neuartigen „Gewaltenteilungslehre" (hier im Sinne funktionaler Differenzierung und Diversität) in jedem sozialen und politischen Fall ausschließen, dass ein einzelnes soziales Gut (z.B. Kapital und Macht) alle anderen dominiert.[55] Für Walzer verlangen verschiedene Güter auch unterschiedliche Verteilungsregeln, denn die menschliche Gesellschaft sei eine multidimensionale Distributionsgemeinschaft mit einer Vielfalt von Verteilungsverfahren, -agenten und -kriterien. Ein umfassender Zugriff auf die Gesamtsphäre der Güter sei daher nicht möglich. Gerechtigkeit als ein menschlich-gesellschaftliches Konstrukt ist insofern nicht nur auf *eine* Weise herzustellen, orientiert an der defizienten Idee eines „schlechthin Guten", sondern ist jeweils

---

[53] Insofern bedeutet Nichtdeterminiertheit bzw. die Konstruktionsfreiheit geltungsbegründender Weltdeutungen keineswegs „Grundlosigkeit", vgl. Rehberg 1994, S. 68.

[54] Walzer 1994, S. 449.

[55] Das Hauptprinzip Walzers lautet: „Kein soziales Gut X sollte ungeachtet seiner Bedeutung an Männer und Frauen, die im Besitze eines anderen Gutes Y sind, einzig und allein deshalb verteilt werden, weil sie dieses Y besitzen." Walzer 1994, S. 50.

abhängig von soziokulturellen Sinnrelationen.[56] Gerechtigkeit wiederum wurzelt für Walzer in den Dingen, die eine gemeinsame Lebensweise ausmachen.[57] Dominanz- und Monopolstrukturen oder Oligopole seien strikt zu vermeiden, demgegenüber sei einer *maximalen Differenzierung* der Vorzug zu geben. Walzer will demnach in seiner Modellierung durch eine gerechtigkeitsfördernde Aufrechterhaltung getrennter Distributionssphären die relative Autonomie unterschiedlicher Handlungsräume bewahrt und gesichert wissen. Erst hierauf könnten dann Integrationsleistungen aufbauen und erst hieran fallbezogene ausgleichende sozialintegrative Anstrengungen anschließen. Die besonderen politisch-praktischen Stärken und Vorzüge dieser komplexen Gleichheitsidee vermöge differenzierter Sphärentrennung als Heterarchie ohne Abkopplung würden sich vor allem im wechselseitigen Respekt und in einer wertbezogenen gemeinschaftlichen Selbstachtung erweisen, die zugleich gesellschaftliche Stabilitätsgründe darstellen.

Die reziprok integrierte Gleichwertigkeit von Procedere und Substanz im sozialtheoretischen Modell komplexer Gleichheit setzt polykompetente Menschen mit reflektierter Selbstdistanzierung voraus. Integration muss sich konsentisch legitimieren und zugleich der individuellen Autonomie einen Handlungs- und Erfüllungsraum geben. Die Einzelnen können sich frei zwischen den Sphären bewegen und ihre Auswahlen treffen. Die „Trennungskunst" à la Walzer kann auch dazu beitragen, unter- und innerhalb eines sphärenüberkreuzenden und vernetzten Rahmenkonsenses (overlapping consensus) nicht verallgemeinerungsfähige Belange oder dissensriskante Überlegungen zu separieren und gewissermaßen ohne „Eroberungsabsicht" dem gestaltungsoffenen Bereich privater Entscheidungen anzuvertrauen bzw. zu überantworten. Von der gesamtgesellschaftlichen Seite her handelt es sich um Fragen der mehr oder weniger optionalen Zugehörigkeit/Mitgliedschaft (Inklusion/Exklusion) auf den Problemebenen der Endogenität oder Exogenität, die soziokulturell und politisch-rechtlich über Sinnzusammenhänge definiert werden und gleichzeitig hochkontingente und damit auch veränderbare Solidaritätsgrenzen sind.

---

[56] Dabei ist die „Kunst der Grenzziehung" zwischen den Distributionssphären als Handlungsräumen zuvörderst analytisch zu verstehen, denn: „Autonomie ist immer relativ, Grenzen sind durchlässig und ihre genaue Lage ist immer ein strittiger Gegenstand von Verhandlungen." Walzer 1994, S. 12.

[57] Walzer 1994, S. 443.

In diesen Rahmen könnten sich nach unserer Auffassung auch die Ansätze zu einer neuen ökonomischen Soziologie einpassen.[58] Diese einstige Domäne mit den europäischen Klassikern Karl Marx, Emile Durkheim, Max Weber und Georg Simmel wird heute neu bearbeitet und erschlossen. Eine Zwischenstation hin zur gegenwärtigen Diskussion und Konzeptualisierung war der sich ausweitende Neo-Institutionalismus. Sozioökonomische Perspektiven breiten sich mehr und mehr aus, und zwar in Bezug auf Prozesse und ihre Ergebnisse sowie verstärkt im Hinblick auf Ungleichheit und unter stets obwaltenden Effizienzgesichtspunkten. Handlung und Struktur, Wirtschaft und Gesellschaft, Politik und Kultur wurden wieder intensiver als wechselseitige Kontextualisierungen und Verursachungszusammenhänge wahrgenommen. Eine verstehende oder kulturalistische und soziopolitisch-ökonomische Sozialwissenschaft (wie der frühere Anspruch der in Deutschland beheimateten „Staatswissenschaft") ist in der Lage, durch unterschiedliche Spiegelungen mehr Facetten von Wirklichkeitstatbeständen und Realabläufen einzufangen. Komplexität und Interdependenz wurden in den letzten Jahrzehnten zu Leitvorstellungen, die in differenzierter Weise auf allen gesellschaftlichen Ebenen theoretisch und analytisch, normativ und empirisch, narrativ und (de)konstruktivistisch heruntergebrochen und konzeptionell wie operativ neu aufgebaut wurden.

Für einen reflexiven Liberalismus ist die Begründung sozialen Vertrauens von erheblicher Bedeutung[59], um utilitaristische Ausrichtungen nicht überhand nehmen zu lassen, die sich durch Netzwerkbildung ohnehin relativieren. Hier entfaltet sich nämlich eine kompetitive Dynamik, die nicht mehr einsinnig zu begreifen ist und aus Motivbündelungen, Beobachtungsperspektiven und Deutungsmustern resultiert, die allesamt neben Präferenzen und Interessen auch einen kulturellen Hintergrund haben, von dem nicht einfach abstrahiert werden kann. Werte und Normen sollen sich weithin im Wandel bewähren, substanziell nach Möglichkeit nicht verändert, sondern kontinuiert werden. Prozessualität und

---

[58] Guillén et al. 2002.

[59] Zintl 2002, S. 173: „Vertrauen bedeutet, dass jemand dem anderen die Fähigkeit unterstellt, seinen Opportunismus zu bändigen und sich in seiner Entscheidung an Regeln zu orientieren, die von ihm etwas anderes verlangen, als seine unmittelbaren Interessen durchzusetzen."

Reziprozität sorgen ohnedies für Modifikationen und Neubestimmungen, sodass in der Regel nur der Kern von resistentem Gehalt ist.

2. Politisch-kulturelle Grundbedingungen und prozessuale Erfordernisse

Der klassische Liberalismus hat die individuelle Freiheit in das Zentrum ordnungspolitischen Denkens und Handelns gerückt.[60] Ferner wird systemische Offenheit zugrunde gelegt, ebenso ein chronisch unterinformiertes und damit unzureichendes Handlungswissen. Freiheitlich-liberale Ordnungen sind insofern stets unvollkommen und verbesserungswürdig. Tausch, Arbeitsteilung und Kooperation können eine spontane Ordnungsbildung generieren. Diese Grundannahmen werden auch von einem anarcho-kapitalistischen Ansatz geteilt.[61] Diese libertäre Grundausrichtung möchte Konflikte um knappe Güter dadurch minimieren bzw. ausschließen, dass sämtliche Güter sich stets im Privateigentum bestimmter Personen befinden, sodass die jeweilige exklusive Verfügungsgewalt transparent sei. Das Eigentum beruht auf einem ursprünglichen Aneignungsakt der Nutzung, was auch für die Folgeprodukte zu gelten habe. Ein Wechsel in den Besitzrechten ist nur durch Eigentumsübertragung möglich. Privateigentum erlaubt Konfliktvermeidung, während Gemeineigentum resp. die Figuration öffentlichen Eigentums die Wahrscheinlichkeit von Konfikten erhöht: „Die Kontrolle über öffentliche Güter wird ... von öffentlich Bediensteten ausgeübt, die ihrerseits von allen finanziellen Verpflichtungen hinsichtlich der von ihnen verwalteten Güter entbunden sind. Konflikte zwischen den diversen ‚nominellen' Eignern (Bürgern) einerseits und nominellen und tatsächlichen Eignern (Staatsfunktionären) andererseits sind angesichts dieser Eigentumskonstruktion unausweichlich und permanent. Nur eine Privatisierung öffentlicher Güter kann das Problem grundsätzlich beheben."[62] Gegen die anarcho-libertäre Position der Staatsablehnung

---

[60] Watrin 2005.

[61] Hoppe 2005.

[62] Watrin 2005, S. 19.

kann der Staat indes auch als eine Art freiwilliger Verband verstanden werden, dessen Angehörige und Mitglieder sich entschlossen haben, im Rahmen selbst gewählter Regeln zusammenzuleben.[63] Hier gibt es unterschiedliche Gewichtungen, die sich konzeptionell unter anderem um die Hauptschlagworte Minimalstaat, Ordoliberalismus, Wertkonservatismus und sozialer Liberalismus herum entwickeln. Über die Idee einer liberalen Privatrechtsgesellschaft hinaus kann auch verlangt werden, dass die individuelle Freiheit in einem umfassenden Sinne zu verstehen ist, d.h. freie Entscheidungen sind auf allen Ebenen zu verlangen, auf denen Menschen sich begegnen und ihr Zusammenleben organisieren. Obwohl sich der staatliche Verband wegen seiner Gemeinwohlorientierung von privatrechtlichen Verbänden grundlegend unterscheidet, ist es demokratietheoretisch (vor allem diskursiv-deliberativ[64]) sinnvoll, der Idee eines normativen Individualismus nachzuleben[65], zumal sich die Rahmenbedingungen für Staat und Gesellschaft in der Hochmoderne ohnedies verändern.[66]

Natürlich gibt es viele weitere Spielarten liberaler Auffassungen und es kommen auch noch zahlreiche Komponenten mehr hinzu. So auch der Tatbestand, dass kleine Staaten tendenziell reformbereiter sind als große. Sie sind überdies entschlossener und flexibler im Ausnutzen knapper Handlungschancen. Für die Sicherung und Optimierung von Freiheit, Selbstständigkeit und Eigenverantwortung gibt es zumeist mehrere rationale Handlungspfade und -korridore, nicht einen einzigen „Königsweg“ als universellen Problemlöser und Quasi-Alleserklärer. Der von uns vorgeschlagene reflexive Liberalismus ist daher komplex angelegt und steht in Verbindung mit einem liberalen Republikanismus und normativen Individualismus.

Ein reflexiver Liberalismus ist voraussetzungsreich, weil Freiheits- und Gemeinwohlorientierung nicht auseinander fallen sollen, selbstverantwortliche Lebensgestaltung und immer weiträumiger werdende Vergemeinschaftungsformen zusammen zu realisieren sind. Obenan steht die Würde des Menschen und damit aller Menschen. Das individualistische Menschenbild ist nicht universell verbreitet, wohl aber menschengerecht.

---

[63] Vanberg 2005.

[64] Siehe neuerdings Lösche 2005.

[65] Vanberg 2005, S. 18.

[66] Waschkuhn 2006.

Selbstentfaltung und Endogenität im Zusammenhalt mit Subsidiarität sind und bleiben die wichtigsten Generatoren für kreatives Handeln.

Differenzierte Gesellschaften sind gegenüber der Vormoderne und der „einfachen Moderne" entbettete Gesellschaften, aber auch die Hochmoderne bildet immer wieder neue Lebenswelten aus, die indes den sozialen und kulturellen Nahbereich mittels Netzwerken und Medien ständig überschreiten.[67] Offene Gesellschaften und offene Märkte evozieren auch größere Wirkungs- und Governanceräume. Denationalisierung ist eine unübersehbare Tendenz, ohne gleich das Ende des Nationalstaates herbeizuführen. Jedoch kommen andere und neue Koordinationsmuster, Typisierungen und Verhaltensstile in Geltung.

Die prinzipielle wie aktuelle Umgründung von Kultur, Wirtschaft und zuletzt auch Politik auf Austausch und Fluktuationen ohne Homogenitätsaspirationen und ohne eindeutige Zentrum/Peripherie-Zuordnungen ist mit Hierarchievorstellungen und der herkömmlichen Herrschaftsidee eines durchsetzungsfähigen unitarischen Willens nicht mehr vereinbar und geht mit Pluralitätsgewinnen und multiplen Optionalitäten einher, die eine Vielfalt der Modernen begründen. Dadurch kommen ebenso mehr Eigenlogiken und Lebenschancen zum Durchbruch, wenngleich auch neue Widerständigkeiten oder Indifferenzen. Individualisierung und systemische Ausdifferenzierungen brechen überkommene Strukturierungen und soziale Stratifikationen in einem wechselseitigen Verursachungszusammenhang auf. Ein Verzicht auf Werte, Normen und Regeln ist damit nicht beschlossen, aber diese werden zweifelsohne wählbarer und in wachsendem Maße zustimmungspflichtig.[68] Hinzu kommt die wachsende Interdependenz, die den Eigensinn relativiert und die Anschlussfähigkeit von Präferenzen, Interessen und Ideen prämiert. Gleichzeitig kann in den Interaktionszusammenhängen erfahren und gelernt werden, dass mehrere Rationalitätsbegriffe und Entwürfe guten Lebens existieren, die nicht per se antagonistisch oder konfrontativ sein müssen, sondern durch

[67] Die *Gleichzeitigkeit* von Heterogenitätszunahme *und* steigender Vereinheitlichung ist ohnedies das Signum der Moderne, das sich in der Hochmoderne noch weiter potenziert. Vgl. Rehberg 1994, S. 53.

[68] Eine systemtheoretisch basierte Politikdefinition kann daher lauten: Politik ist der Prozess der Herstellung allgemein verbindlicher und gemeinschaftsrepräsentativer Entscheidungen zur Lösung öffentlicher Probleme bei nicht vorauszusetzendem Konsens.

Erprobung und Reflexion auf situative Angemessenheit hin evaluiert werden können. Die Hochmoderne ist normativ durch Flexibilität, Dynamik, Responsivität und Reflexivität gestaltbar. Soziale Mobilität über Status- und Ländergrenzen hinweg stellt Eigenpotenziale für Transferleistungen bereit und in diesem beschleunigten und verdichteten Bewegungsgeschehen können auf dem Wege frei gewählter Kooperation Handlungs- und Wissensgemeinschaften institutionalisiert werden, die entpolarisierende und inkludierende Wirkungen entfalten, sofern der Zugang und die Mitwirkungschancen offen bleiben. Hermetisierungen und Hegemonieansprüche können hingegen zu Lernpathologien führen und Innovationen behindern. Heterarchische Mehrebenensysteme und kompetitive Kooperation sind demgegenüber als funktionale Strukturmuster zu bevorzugen, um qua Impulsgeber der Humanentwicklung neue Anforderungsprofile zu generieren, die in entsprechende Praktiken umzusetzen sind.

Komparative Studien zur Demokratisierung und Humanentwicklung[69] haben gezeigt, dass eine wachsende ökonomische Ressourcenverfügung im Zusammenhang mit der Entfaltung ethisch-emanzipatorischer Selbstentfaltungsansprüche eine solide Grundlage bilden, um institutionell-rechtliche Freiheitsgarantien auf Dauer zu stellen. Es handelt sich um eine sequenzielle Emergenz, die auf personaler Seite eine auf Selbstvertrauen, wechselseitige Achtung und Kooperation beruhende Individualisierung fördert. Mit zunehmender individueller Autonomisierung werden ausweislich empirischer Reihenuntersuchungen im Hinblick auf einen internationalen Ländervergleich, bei welchem zugleich alle Kulturräume der Erde abgedeckt wurden, ebenso Toleranz, Empathie, Solidarität und Mitmenschlichkeit gestärkt. Darüber hinaus liegt es im Trend der Demokratieausbreitung und ihrer Elaborierung, dass immer mehr Möglichkeiten der bürgerlichen und direktdemokratischen Einflussnahme und eine Multiplizierung zivilgesellschaftlicher Netzwerke geben wird, sofern die liberaldemokratischen und marktwirtschaftlichen Rahmenbedingungen aufrechterhalten bleiben.[70] Für die dynamisch-responsive Prozessualität

---

[69] Siehe insbesondere Welzel 2002.

[70] Von Studentenführern organisierte Netzwerke können allerdings (jedoch mit hohem Risiko) auch Volksaufstände gegen Autokraten initiieren, so geschehen in Jugoslawien 2000, Georgien 2003 („Rosenrevolution") und in der Ukraine 2004 („Orangene Revolution").

ist festzuhalten, dass Freiheitspräferenzen und generalisiertes soziales Vertrauen positiv korrelieren und unterstützt werden durch Selbstachtung, Verhaltenstoleranz und spontanes Engagement. Die Chancen einer Kontinuierung der Humanentwicklung werden in der Wissensgesellschaft und im Globalisierungskontext noch verbessert, denn die Menschen werden kreativer, innovativer, kritischer und umweltbewusster. Vor allem steigt im Generationenwechsel die abstrakte Denk- und Problemlösungsfähigkeit (kognitive Mobilisierung), die im Globalisierungs- und Informationszeitalter die Geschwindigkeit in ungeahnter Weise erhöht, mit der sich Einsichten, Lehren und Erfolgsstrategien verbreiten. Das sind die besten Voraussetzungen für ein reflexives Lernen und eine nachhaltige Politikgestaltung.[71]

Allerdings steigt mit unserem tentativen Wissen zugleich das Ausmaß unseres Wissens um unser Nicht-Wissen in exponentieller Weise an und jede selektive Handlung steht immer wieder im Banne der Ungewissheit und des Risikos. Insofern ist die Besinnung auf humane Werte eine Leitmaxime. Auch hier bestehen selbstredend Divergenzen und Unsicherheiten. Aber ein sozialethischer Minimalkonsens ist in wohlgeordneten Gesellschaften in ausreichendem Maße vorhanden. Die Anwendungsprobleme bedürfen öffentlicher Diskurse, um kollektiv geteilte Werte zu applizieren und ein partielles Einverständnishandeln zu erzielen. Auf jeden Fall wird der hypothetische, experimentelle und lernende Umgang mit Informationen zu einem allgemeinen Handlungsmodus, der verantwortungsvolle Abwägungsprozeduren erfordert, die nicht monologisch verkürzt werden können. Über konkurrierende und widerstreitende Werturteile kann wissenschaftlich objektiv nicht entschieden werden, wohl aber können die Implikationen und möglichen Konsequenzen evaluiert werden. Für eine reflexive Moderne sind derartige Bürden der Folgenabschätzung von nie ganz erfassbaren Wirkungsweisen unumgänglich und müssen insbesondere auch sozialwissenschaftliche Erkenntnisse und ihre Heuristik mit einbeziehen.[72] Bei nicht trivialen

---

[71] Generationen übergreifende Lernprozesse werden vor allem in der Form kultureller Symbole und Werte kollektiv vermittelt. Das war schon die Auffassung von Parsons, siehe im ökonomischen Kontext North 2005. Soziales Lernen ist im Übrigen auch ein Wettbewerbsfaktor, das von der jeweiligen institutionellen Matrix abhängt.

[72] Das ist der große Vorzug von Rawls und Walzer.

Zusammenhängen bleibt aber gewissermaßen immer ein Restrisiko, weil nicht alle Folgen und Nebenwirkungen antizipiert werden können und alle Prozesse auch der Eigendynamik der Sozialität[73] unterliegen. Nicht von ungefähr war die Reduktion von Weltkomplexität und die Steigerung systemischer Eigenkomplexität die „Zauberformel" der Systemtheorie von Niklas Luhmann in ihren ersten Entfaltungen.[74] Aber hier kommen auch andere Sichtweisen in Betracht. So hat Karl W. Deutsch in seiner politischen Kybernetik immer wieder darauf hingewiesen, dass das politische System auf einem Gewebe des Vertrauens beruht. In Analogie zu selbststeuernden Netzwerken beabsichtigte er, eine sozialwissenschaftliche Theorie der Selbstbestimmung von Gesellschaften zu entwickeln. Im Hinblick auf Kommunikation und Steuerung stehen bei ihm die folgenden Fragen und Grundannahmen im Vordergrund: „Wie groß ist der Toleranzspielraum für Widersprüche und Ambivalenzen in einem gegebenen politischen System? Wie groß ist die Fähigkeit dieses Systems, sich selbst zu verändern und dennoch im Wesentlichen seine eigene Identität und Kontinuität zu bewahren? Seit der Entwicklung der Kernwaffen sind die Überlebenschancen der Gesellschaften vom Verhalten ihrer politischen Teilsysteme abhängig. Die Entscheidung über Leben und Tod einzelner Nationen und vielleicht der ganzen Menschheit ist zum Politkum geworden. Die Nationen sind eindeutiger als je zu vor auf die Fähigkeiten ihrer politischen Teilsysteme zur Toleranz, zum Lernen und zu lebenserhaltenden Selbsttransformation angewiesen."[75]

Entscheidend ist schöpferisches Lernen. Dabei geht es auch um die Beschaffenheit der Personen und Charaktere in den Institutionen und um die Partizipationschancen. In diesem Kontext lautet die Maxime: „Die Zeiten, wo eine Regierung in alle Fragen für das Volk entscheiden konnte und von ihm gebührenden Dank und Passivität erwartete, sind im Schwinden. Immer stärker bricht die Notwendigkeit hervor, eher *mit* den Menschen als *für* sie zu handeln."[76] Es ist für Deutsch das Gefährlichste, was die Welt heute tun kann, weiter Politik nach altem Stil zu betreiben, denn: „Solche Regierungssysteme, die die Individuen achten,

---

[73] Hondrich 2001.

[74] Siehe zu einem politikwissenschaftlichen Überblick Waschkuhn 1987.

[75] Deutsch 1973, S. 23.

[76] Deutsch 1976, S. 510.

Minderheiten schützen und neue Entdeckungen und die entsprechende Änderung in den Einstellungen der Menschen tolerieren, werden für die künftige Entwicklung der Menschheit notwendig sein."[77] Macht sollte nicht unbegrenzt erwerb- wie einsetzbar sein und insbesondere im klugen Gebrauch mit Verantwortung plus Lernfähigkeit gekoppelt sein. Insofern hat Deutsch die lernpathologische Form der Macht umschrieben als die Möglichkeit, zu reden anstatt zuzuhören (bzw. die irrige Auffassung, sich dies leisten zu können: „the ability to afford not to learn").[78] Dazu gehört die Einsicht: „Wenn man das Wesen der Politik als Macht und Einfluss definiert, trifft man damit nur zum Teil die Wahrheit. Politik und Historie sind auf kurze Sicht die Geschichte der Veränderungen innerhalb der Elite – in den Reihen der wenigen, die im Augenblick die meiste Macht besitzen. Auf lange Sicht wurzeln allerdings die größten Umwälzungen in der Geschichte in Veränderungen, die sich unter jenen vollzogen haben, die man eigentlich für machtlos hielt – wenn sich die Bedürfnisse, die Gewohnheiten und die Handlungsweisen der großen Mehrheit geändert haben."[79]

Die westlich-liberale Gesellschaft sei in dieser Hinsicht offener und flexibler als andere Gesellschaftsformationen. Für Deutsch ist die westliche Ausrichtung vor allem durch die folgenden Merkmale gekennzeichnet[80]: (1) eine besondere Offenheit, kulturelle Lernfähigkeit und -leistung, (2) eine Pluralität der Machtzentren und Ideen, die Individualität und damit Freiheit ermöglichen, (3) eine Tradition der kritischen Dissoziation des Wissens und seiner freien Rekombination der durch Kritik freigesetzten Wissenselemente, (4) die Restrukturierung durch Revolutionen und Innovationen, d.h. der Westen habe, ohne seine Kontinuität und seine Identität zu verlieren, ohne die Bedeutung seines Erinnerungsschatzes zu zerstören, sich dennoch immer wieder grundlegend geändert, (5) eine Neigung zur „materiellen Transzendenz", nämlich keine materielle Schranke als endgültig gegeben hinzunehmen, sondern immer wieder zu versuchen, über jede Grenze hinauszugreifen, (6) schließlich die Fähigkeit des Westens, andere Menschen, Familien, Gruppen, Völker

---

[77] Deutsch 1976, S. 518.
[78] Deutsch 1973, S. 171.
[79] Deutsch 1976, S. 59.
[80] Vgl. Deutsch 1980.

und Länder zu seiner Kultur zu bekehren, sie anzulocken, ohne sie völlig zu bekehren – eine Anziehungskraft, die mit Toleranz gepaart sei. Mit dem Ergebnis, dass keine andere Weltkultur so viel, so oft, so lange und so gründlich gelernt hat wie die liberal-westliche und dabei an der Pluralität festgehalten habe.[81]

Für den englischen Aufklärer Jeremy Bentham ist bekanntlich die beste Gesellschaft diejenige, in der die Bürger am glücklichsten sind. Das Prinzip der größten Glücks für die größte Zahl ist ein Grundtopos der Glücksforschung, die immer mehr empirisch betrieben wird.[82] Seit der amerikanischen Unabhängigkeitserklärung („pursuit of happiness") ist das Streben nach Glück ein auch politisch zu gewichtendes Lebensrecht.[83] Aber Selbstverwirklichung des Einzelnen sollte sich mit gemeinsamen Zielen im Hinblick auf das Gemeinwohl verbinden lassen. Kooperation als Zusammenhandeln basiert auf Vertrauen und kann im Verbund mit Empathie, Responsivität und dem Subsidiaritätsprinzip zu einem Generator von Zuversicht werden und somit einen Grundoptimismus verstärken.

Die Vorstellungen von einem guten Leben in einer guten Gesellschaft, vom richtigen Handeln und klugen Entscheiden, sind seit der griechischen Antike auf Gerechtigkeit und Glückseligkeit bezogen. Sie zentrieren personell in der Lebenskunst, bündeln sich kollektiv zum guten Regieren, das kein „Durchregieren" ist. Lebenschancen und Ressourcenverfügung in Freiheit sind Konstituanten einer offenen Gesellschaft. Es kommen Gefühlsdimensionen hinzu, die mit einem moralischen Empfinden gekoppelt sind. Hier stehen das Streben nach Verlustvermeidung und Anerkennung im weitesten Sinne und in jeder Art obenan. Insofern sind

---

[81] Zu Deutsch insgesamt siehe Senghaas 2005 und Waschkuhn 1987, S. 29ff. – Senghaas macht auch auf folgenden Umstand aufmerksam: „Bei seinen Darlegungen über die Möglichkeiten kollektiven Lernens greift Deutsch überdies auf Begriffe zurück, welche in der modernen politischen Theorie des Lernens üblicherweise nicht (mehr) reflektiert werden: Neugier, Demut, Ehrfurcht, auch Liebe. Glaube und Gnade im Unterschied zu Stolz, Abgötterei und Lauheit – alles Eigenschaften, die für Lernprozesse von strategischer Bedeutung sind." Senghaas 2005, S. 244.

[82] Layard 2005, S. 15. – Es war dies auch immer eine Hauptfrage der deutschen Demoskopin Elisabeth Noelle.

[83] Im buddhistisch-kleinstaatlichen Königreich Bhutan wurde im Jahre 1998 die Erlangung des Glücks für die Bewohner des Landes als höchste staatliche Priorität deklariert.

Subjekte und Gruppen auf Austausch und Assoziationen, Aufmerksamkeit und Reziprozität gestellt.

Aber Zuversicht ist vonnöten und zuallererst die Überwindung von Angst, die in aller Regel mit der Abwehr des Neuen einhergeht.[84] Ängstliche Verzagtheit und generalisiertes Misstrauen müssen überwunden werden. Vor allem die Systeme der sozialen Sicherheit werden in Deutschland der Tendenz nach zu angstverursachenden Institutionen. Für Selbstverantwortung, Eigeninitiative und Formen gesellschaftlicher Selbstorganisation fehlen weitgehend noch die soziale Intelligenz, die schöpferische Phantasie und die intrinsischen Motivationen. Neue „Gesellschaftsverträge" und weitere Übereinkünfte müssen zustande kommen.

Bei jeder Kollektivgutproblematik kommt fernerhin unabweislich Moral ins Spiel, die schon auf der Ebene wechselseitig verpflichtender Beziehungsnetzwerke anzusetzen ist.[85] Sozialkapital resultiert aus der Teilhabe an den materiellen und kulturellen Gütern einer Gesellschaft, beruht auf Achtung und Anerkennung, die Selbstbindungen erleichtert, und benötigt zudem einen sozioemotionalen Rückhalt. Im kontraktualistisch-liberalen Vorstellungskontext gilt nur das von allen vernunftgemäß Gewollte als geboten.[86] Schadensvermeidung, Chancengleichheit und Fairness stehen obenan. Die konkreten Ausdeutungen können allerdings soziokulturell variieren und unterliegen dem temporären Wandel, sie sollten jedoch unbedingt demokratiekompatibel sein oder bleiben. Dies gilt auch für die Idee des Wettbewerbs: Sie ist eine kulturelle Institution[87] mit enormen Vorteilen[88], die stets aufs Neue einer Ordnungspolitik[89] bedarf,

---

[84] Kirsch 2005.

[85] Nunner-Winkler 2005, S. 161f.

[86] Nunner-Winkler 2005, S. 167.

[87] Auch die Personenfreizügigkeit im Zuge des europäischen Integrationsprozesses ist nicht nur ein beruflich-wirtschaftliches Projekt, sondern auch ein kulturelles.

[88] Wettbewerb ermöglicht Auswahl, gibt Impulse für Innovationen und kann Macht begrenzen – allerdings im Wesentlichen nur unter fairen Bedingungen in einer freien Gesellschaft. Aber selbstredend gibt es auch bestimmte Formen des Markt- oder Wettbewerbsversagens. Sie sind jedoch häufig in eine Wettbewerbsordnung (re-)integrierbar. Im Übrigen treten auch unterschiedliche Wettbewerbsordnungen miteinander in Konkurrenz, sodass auch hier der Wettbewerb als Entdeckungsverfahren dienen kann.

[89] Wettbewerb braucht in liberaler Hinsicht unbedingt dezentralisierte

die auch die Interdependenzen zwischen Teilordnungen beachtet, um Pathologien und Pauperisierungen vermeiden zu können und um Maß und Mitte zu halten, praktische Vernunft und Augenmaß walten zu lassen. Ob dies auch für Regime und Netzwerke transnationaler Akteure angewandt und implementiert werden kann, ist eine offene Frage.[90] Jede Weltordnungspolitik besteht aus tastenden Schritten, kann aber nicht im Gradualismus stecken bleiben. Die kurrenten Erörterungen im Hinblick auf ein Weltethos[91] und gegen einen „Kampf der Kulturen" geben Aufschluss über normative Potenziale, die eine Humanentwicklung fördern. Hierbei ist ein overlapping consensus die Grundvoraussetzung, um eine erweiterungsfähige Verbindung von Handlungsoptionen und ethischen Kriterien zu ermöglichen.

Bei der Weltethos-Diskussion geht es nämlich um legitime Differenz und kulturelle Toleranz – mit dem durchgängigen und lebenspraktischen Ziel, ohne Angst verschieden sein zu können –, was Grundübereinstimmungen in den Zielwerten und Handlungsnormen durchaus zulässt, Ausdifferenzierung und Re-Integration synergetisch koppelt. Das Weltethos ist als Grundethos nämlich zunächst nichts anderes als ein notwendiges Minimum gemeinsamer humaner Werte, Maßstäbe oder Grundhaltungen trotz ansonsten bestehender dogmatischer Unterschiede und Blockaden. Ethische Imperative sollten sein: die Verpflichtung auf eine Kultur der Gewaltlosigkeit, Ehrfurcht vor allem Leben, eine Kultur der Solidarität (nicht nur eine Solidarität mit Freunden, sondern auch mit Fremden) und eine gerechte Weltwirtschaftsordnung, eine Kultur der Toleranz, ein Leben in Wahrhaftigkeit sowie eine Kultur der Gleichberechtigung und der Partnerschaft von Mann und Frau. Grundvoraussetzung ist der Weltfrieden, Ziel die ungehinderte Möglichkeit einer offenen Weltbegegnung für alle Lebewesen.

Gegen einen postmodernen Beliebigkeitspluralismus sind gemeinsame Überzeugungen, Haltungen und Traditionen zu revitalisieren, Optionen

---

Macht und Verantwortung sowie Märkte mit teil-, übertrag- und durchsetzbaren Eigentumsrechten.

[90] Instruktive Hypothesen bei Murphy 2004. – Die Unterschiede nationaler Positionen zur Global Economic Governance sieht Schirm 2005 stark geprägt von den endogenen Interessen und Normen einer Gesellschaft.

[91] Siehe Küng 1997, Küng/Kuschel 1998, Kuschel/Pinzani/Zillinger 1999 sowie Kessler 1996.

und Ligaturen zusammen zu befördern, autonome Selbstverwirklichung und solidarische Verantwortung miteinander zu verknüpfen. Hierzu gehört der Widerstand gegen Unrechtsverhältnisse und strukturelle Gewalt im Denken, Sprechen und Handeln. Anzustreben it eine globale Wettbewerbs-, Sozial- und Umweltordnung mit den politisch-praktischen Leitwerten Solidarität und Sozialität. Der Bericht der UN-Kommission für Weltordnung (Global Governance) aus dem Jahre 1995 fordert in allen Bereichen ein „Ethos der Nachbarschaft" (Our Global Neighbourhood). Eine globale Bürgerkultur (global civic culture) beruht, so der Bericht der Welt-Kommission für Kultur und Entwicklung, auf fünf ethischen „Säulen": (1) Menschenrechte und Verantwortlichkeiten, (2) Demokratie und die Elemente einer Zivilgesellschaft, (3) Schutz der Minderheiten, (4) Verpflichtung auf friedvolle Konfliktlösung und faire Verhandlungen sowie (5) Gleichbehandlung der Generationen. Es wird mithin ein overlapping consensus empfohlen und kein ethischer Totalkonsens.[92]

Der Neopragmatiker Richard Rorty hat ferner eine spezifische Haltung entwickelt, die einem reflexiven Liberalismus in besonderer Weise entspricht.[93] Es handelt sich um eine „liberale Ironie". Was ist darunter zu verstehen? Liberale Ironie meint ein ausgeprägtes Kontingenzbewusstsein („es könnte auch anders sein") und damit unmittelbar verbunden einen kreativitäts- und phantasiebezogenen Sinn für unverwirklichte Möglichkeiten.[94] Ironiker sind für Rorty Antiessentialisten und sich stets dessen bewusst, dass es eine Vielzahl möglicher Selbst- und Weltbeschreibungen gibt, nicht aber eine allein gültige, absolute und unbestreitbare Wahrheit. Die „liberale Ironikerin", wie sie Rorty (wahrscheinlich in Bezug auf Judith Shklar) in seine Argumentation einführt, ist sich im Klaren darüber, dass ihre zentralen Überzeugungen und Bedürfnisse kontingent sind, wobei Zweifel und Skepsis in Bezug auf raumzeitlich unabhängige Aussagen hinzukommen. Gleichzeitig will Rorty die Möglichkeiten einer liberalen Utopie aufzeigen, in welcher gerade dieser Ironismus einen universellen

---

[92] In dieser Hinsicht ist in Anlehnung an Überlegungen von Walzer festzuhalten, dass für ein elementare Moral ein globaler Konsens möglich, bezüglich einer kulturell differenzierten oder spezifizierten Moral ein Konsens indes nicht nötig ist. Vgl. auch Küng 1997, S. 130–137.

[93] Siehe insbesondere Rorty 1993. Zu Rorty siehe Auer 2004 und Waschkuhn 2001, S. 137ff.

[94] Auer 2004, S. 112ff.

Sinn bekommt, obschon Rorty ansonsten ein radikaler Kontextualist ist. Die liberale Utopie ist eine poetisierte Kultur voller Metaphern, Begriffserneuerungen und Selbsterfindungen. Eine „Ironikerin" hegt unaufhörliche Zweifel an dem „abschließenden Vokabular" einer Person, weil sie um die Kontingenz und Hinfälligkeit sowie Kontextgebundenheit von Vokabularen und Texturen weiß. Rorty konzediert durchaus, dass es einen moralischen Fortschritt geben kann, der auf mehr Solidarität gerichtet ist, aber man solle sich diese Solidarität nicht als das „Wiedererkennen eines Kern-Selbst, des wesentlich Menschlichen in allen Menschen" vorstellen.[95] Der moralische Fortschritt beruhe nicht auf einer Zunahme der Rationalität, sondern – hier hat offenbar David Hume Pate gestanden – auf zunehmender Sensibilität und wachsender Empfänglichkeit für die Bedürfnisse einer immer größeren Vielfalt der Menschen und Dinge. Generell sind alle unsere Urteile standortgebunden und durch historische Zufälligkeiten bedingt. Wir können uns aber um einen unparteiischen Standpunkt bemühen, der nie ganz interessenfrei sein wird. Ein aufgeklärtes Interesse, d.h. eines, das unter Rationalitätsbedingungen der Urteilsfähigkeit und Informiertheit steht, kann im Zusammenhalt mit generalisierten Moralnormen multiplikatorische Effekte haben und Institutionen generieren wie stabilisieren. Gerade intersubjektive Fairness-Einstellungen sind vor allem auf interessensfundierte Zustimmung und innere Bejahung aus freien Stücken angewiesen. Rorty liberale Ironie ist ein Zweifel an Letztbegründungen und abschließenden Vokabularen und stellt ab auf den konstitutiven und zugleich offenen Zusammenhang von Lebensformen, Sprachspielen, Diskursen, Angewohnheiten und Praktiken. Die Ausweitung liberaler Prinzipien und Institutionen beruht vor allem auf Phantasie, Überzeugungskraft und einer „Gefühlserziehung".[96] Sprache unter Einschluss von Rede und Gegenrede sei eine Geschichte sich wandelnder Metaphern, mit denen spielerisch und kreativ umzugehen sei, mithin auch interessentranszendierend. Das genau ist die Haltung der liberalen Ironiker, nämlich nie ganz dazu in der Lage zu sein, „sich selbst ernst zu nehmen, weil immer dessen gewahr, dass die Begriffe,

---

[95] Rorty 1993, S. 310.

[96] So ist es eine schlichte moralische Tatsache, „dass es besser ist, freundlich zu sein, als zu foltern". Rorty 1993, S. 280. Die Gefühlserziehung soll sich auf ein Gespür für liberale Institutionen beziehen und Konsensualisierungsprozesse anleiten.

in denen sie sich selbst beschreiben, Veränderungen unterliegen; immer im Bewusstsein der Kontingenz und Hinfälligkeit ihrer abschließenden Vokabulare, also auch ihres eigenen Selbst."[97]

Für das analytisch-konstruktivistische Konzept einer „Ironie der Politik"[98] kann gelten, dass Ironie die Ernsthaftigkeit nicht exkludiert, intentional und im Ergebnis mit ihr zusammengehen kann. Aber Ironie stilisiert ihren Aufklärungsanspruch unpathetisch, lässt durchgängig Zweifel und Skepsis zu, ist nicht bedeutungsfixiert und dogmatisch. Ironie legt Wert auf Distanz, Multiperspektivität und Polykontextualität. Ironie bekräftigt politische Subjektivität durch Differenzwahrnehmung und macht das agonale Prinzip gegen semantische und tatsächliche Ausgrenzungsversuche stark, bringt schlicht soziokulturell Anderes zur Geltung, nicht verbissen, sondern elegant. Ferner ist Ironie auch ein Geschehen in der Politik, insofern politisches Handeln oft genug den Zweck der Maßnahmen verfehlt oder sogar in das Gegenteil verkehrt, politische Setzungen eben nicht (ein)ein-, sondern mehrdeutig sind, auch in den Konsequenzen. Dies wird aufgedeckt durch Selbstironie der Politik, die vor allem einem liberalen Republikanismus eignet, zur Selbstbehauptung und Selbstbeschränkung führt. Ironie bewahrt vor der politischen und wissenschaftlichen Selbstsuggestion (und „Erhabenheit") des Wahren, Guten und Schönen als fertigen, vorfindbaren Bausatz aus dem Konstruktionskasten irgendeiner Instanz oder als deus ex machina-Erwartung. Ironie ist demgemäß wirklichkeitsorientiert und hält die Bodenhaftung, sie hat dabei ein Bewusstsein für die vielen möglichen (auch fiktiven und imaginären) Wege, schützt vor Hybris und bornierter Dummheit, bleibt ergebnis- und reflexionsoffen.

Bei Rorty kommt ferner ein ausgeprägter Reformismus hinzu, wie er für den Pragmatismus und den kritischen Rationalismus kennzeichnend ist. Die heutigen Intellektuellen seien offenkundig einem lethargischen Kulturpessimismus verfallen. Rorty klagt insbesondere die amerikanische Linke an, seit geraumer Zeit keine Visionen und Reformen mehr entfaltet zu haben. Für einen reflexiven Liberalismus werden in höchstmöglicher Vielfalt vor allem phantasievollere und wagemutigere Individuen benötigt. Das Problem unterschiedlicher und konkurrierender Bedürfnisse kann nur

[97] Rorty 1993, S. 128.
[98] Vgl. Bonacker u.a. 2003.

politisch aufgelöst werden, d.h. „mit demokratischen Institutionen und Verfahren müssen die verschiedenen Bedürfnisse miteinander ausgesöhnt werden, und damit vergrößert sich die Übereinstimmung darüber, wie die Dinge beschaffen sind.“[99] Bei den heutigen Linken sei hingegen, so Rorty, eine fast schon prinzipielle Hoffnungslosigkeit in Mode gekommen, die dazu neige, jedweden liberalen Humanismus als naiv zu diskreditieren. Es fehle der experimentelle und reformistische Geist eines John Dewey und an die Stelle einer politisch-reformistischen Linken sei eine kontemplative kulturelle Linke getreten. Die „Foucaultsche akademische Linke im heutigen Amerika“ ist für Rorty aber „genau die Linke, von der die Oligarchie träumt: Sie ist so sehr mit der Demaskierung der Gegenwart beschäftigt, dass sie keine Zeit hat darüber zu diskutieren, welche Gesetze nötig sind, um eine bessere Zukunft zu schaffen.“[100] Reformisten erstreben in konkreter Weise ein Anwachsen der Lebensqualität: „weniger Leiden und mehr Gleichheit, weniger Unwissenheit und mehr Freude“.[101] Insbesondere sollten wir – und das gilt für den Pragmatismus, den kritischen Rationalismus, den Republikanismus und einen reflexiven Liberalismus – „moralischen und intellektuellen Fortschritt nicht als eine Annäherung an ein immer schon bestehendes Ziel betrachten“, sondern „als einen Prozess der Selbsterschaffung – einen Prozess, bei dem uns immer umfassendere und bessere dialektische Synthesen gelingen, die wir wiederum in unser Selbstbild aufnehmen, sodass wir auf diesem Weg zu einer Erweiterung unserer selbst kommen.“[102] Für Rorty ist in evolutionärer Perspektive zu konstatieren, dass seit der Aufklärung unsere Fähigkeit zunimmt, soziokulturelle Differenzen zugunsten von Kooperationsmöglichkeiten mehr und mehr für moralisch belanglos zu halten. Auch wenn Rorty im Allgemeinen ein strikter Kontextualist ist, so sieht er doch Chancen für wachsende Gemeinschaften inklusiven bzw. integrativen Charakters, sodass er auch auf einen kontextuellen Universalismus – jedenfalls der Tendenz und Chance nach – bezogen werden kann.[103]

---

[99] Rorty 1999, S. 38.

[100] Rorty 1999, S. 131f.

[101] Rorty 2000a, S. 34.

[102] Rorty 2000b, S. 8.

[103] Rorty 2000c, S. 22f.: Moralischer Fortschritt sei zu begreifen als „Verbesserung unserer Fähigkeit, immer häufiger die moralische Belanglosigkeit der Unterschiede zwischen den Menschen einzusehen. Diese Fähigkeit – die einsieht,

3. Reflexion von Restriktionen und Entgrenzungen: Korrekturen des Liberalismus

Ein reflexiver Liberalismus als politische Option muss selbstredend auch die Einschränkungen und Engführungen des Liberalismus in seinen konkreten Ausformungen bedenken. Auf einige Problembereiche hat schon Michael Walzer aufmerksam gemacht.[104] Er verweist mit Recht darauf, dass auch liberales Denken zu bestimmten Ausschlüssen neigt. So wird (1) die Unfreiwilligkeit von Assoziationen übersehen, (2) der soziale Konflikt vernachlässigt und (3) das leidenschaftliche Augenmaß ignoriert. In unfreiwilligen Assoziationen aber werde die Ungleichheit zementiert, über die nicht nur deliberativ ge- und verhandelt wird, sodass die liberale Vernünftigkeit letzthin ohne Energie ist, sich Ungerechtigkeiten aktiv zu widersetzen. Der Liberalismus setze euphemistisch auf den „liberalen Helden" – das autonome Individuum, das seine Mitgliedschaften und Optionen frei wählt und wahrnimmt –, den es empirisch aber allzu zahlreich nicht gibt. Diese konzeptionellen und realen Defizite seien sichtbar zu machen und zu korrigieren durch eine reformierte Theorie, die aber nach Möglichkeit weiterhin eine liberale sein sollte.

Walzers Argumentationsmuster lauten näherhin: (1) Die Vereinigungsfreiheit ist zweifelsohne ein zentraler Wert der liberalen Gesellschaft. Jedoch werden viele – auch produktive – Mitgliedschaften nicht freiwillig eingegangen, sind bindende Verpflichtungen nicht unbedingt das Ergebnis unserer eingeholten Zustimmung. Es tritt vieles in unser Leben, ohne das Resultat unserer Wahl zu sein. Wir werden organisiert und organisieren selbst – im Rahmen komplexer Zwänge.[105] Die soziale Hierarchie sei nur

---

dass die Unterschiede zwischen den Religionen und Staaten der Menschen, ihrer Genderzugehörigkeit, ihrer Rasse, ihrem ökonomischen Status usw. belanglos sind für die Möglichkeit, im Interesse gemeinsamen Nutzens mit ihnen zusammenzuarbeiten sowie belanglos für die Notwendigkeit, ihre Leiden zu lindern – ist seit der Aufklärung erheblich größer geworden. Dadurch sind Gemeinschaften entstanden, die integrativer sind, als man bis dato für möglich gehalten hatte. Unser liberales abendländisches Bild von einem globalen, demokratischen Utopia ist das Bild von einem Planeten, auf dem alle Angehörigen unserer Gattung Sorge tragen für das Geschick aller übrigen Angehörigen."

[104] Vgl. Walzer 1999 u. 2004.

[105] Walzer 1999, S. 11f.

dann zu flexibilisieren, wenn wir die Realität unfreiwilliger Assoziationen gewärtigen und hierauf einwirken, denn auch die Welt unfreiwilliger Assoziation lasse stets einen gewissen Freiraum für Widerspruch und Widerstand. Für Walzer ist die deliberative Demokratie durch kommunikatives Handeln als einem rationalen Entscheidungsdiskurs eine kontrafaktische wie empirisch unterkomplexe Vorstellung. Für ihn ist der demokratische Prozess überwiegend und durchgängig nicht deliberativ und nicht dem gemeinsamen vernünftigen Argumentieren verschrieben.[106] Die Einzelnen müssten vermöge politischer Sozialisation und politischer Bildung erst lernen, was es heißt, politisch zu sein. Die Organisation von Interessen erfolge nicht ohne weiteres deliberativ, ebensowenig die politische Mobilisierung. Verhandlungsergebnisse – oftmals Kompromisse, Paketlösungen, Proporzregelungen etc. – kommen einem Geben und Nehmen häufig viel näher als der Deliberation. Chronisch übersehen werde auch der nicht-deliberative Charakter der mühseligen politischen Kleinarbeit und – gewissermaßen am anderen Pol des Kontinuums – der vielschichtige Charakter des Regierungsprozesses (in Sonderheit bei Koalitionsbildungen).[107]

(2) Verschiedene Interessen und ideologische Bindungen sind vielfach unversöhnlich, des Weiteren sind dauerhafte Lösungen im politischen Leben eher selten, weil sich die Welt ständig ändert, die Menschen kommen und gehen. Politik besteht insofern in der endlosen Wiederaufnahme von Meinungsverschiedenheiten und Konflikten.[108] Pluralismus ist daher außerhalb eines Minimalkonsenses im Rahmen einer institutionellen Grundstruktur die Anerkennung und Legitimität unterschiedlicher Rationalitäts- und Politikbegriffe. Schon die „herrschende Klasse" ist nicht in sich homogen oder spannungsfrei. Der Kampf um Anerkennung und um die Beseitigung von Ungleichheit ist für Walzer daher nicht vollständig durch einen deliberativen Prozess zu ersetzen. Er befürwortet einen Interessenausgleich, indem man insbesondere dafür sorgt, dass „alle Teilnehmer, einschließlich der Vertreter schwacher und unterdrückter Gruppen, in den Diskussionen in gleicher Weise vertreten sind. Vorerst sind Zeit und Ort der Realisierung [hierfür] allerdings utopisch, während

---

[106] Walzer 1999, S. 41.
[107] Walzer 1999, S. 42–55.
[108] Walzer 1999, S. 56f.

die Theorie deliberativer Demokratie anscheinend dafür sorgt, dass die einzige Art von Politik [nämlich jene], die jemals einen praktischen Egalitarismus begründen könnte, in der realen Gegenwart abgewertet wird."[109]

(3) Auch das leidenschaftliche Engagement[110] für eine demokratische und egalitäre Politik erachtet Walzer als unverzichtbar, obwohl sich Emotionen auch destruktiv auswirken können. Wir müssen gute oder schlechte Leidenschaften daher danach differenzieren, für welche Sache sie in Anspruch genommen wird, denn Leidenschaften müssen – so auch Alexis de Tocqueville – rationalisiert werden, d.h. wohlverstanden sein und gut gelenkt werden.[111] Ebenso kommt es – so der italienische Schriftsteller Ignazio Silone – auf die „Wahl der Gefährten" an.

Das ist sicherlich zutreffend, aber es kommt ebenso auf eine konkrete Institutionenpolitik an.[112] Für M. Rainer Lepsius ist Institutionenpolitik die bewusste Einflussnahme auf den Grad und die Richtung der Leitideen, die institutionalisiert oder de-institutionalisiert werden.[113] Dahinter steht ein Institutionenverständnis, das fünf Dimensionen entfaltet[114]: Es werden Leitideen generiert, die konkretisiert werden in Form von Rationalitätskriterien, d.h. von Verhaltensnormen, deren Befolgung als „rational" gilt und sich als Orientierungsmodell gegenüber subjektiven Motivationen und Interessenlagen in dieser Hinsicht verselbstständigt. Es müssen (auch im Zuge der Arbeitsteilung bzw. sozialen Differenzierung) Handlungskontexte ausdifferenziert werden, innerhalb derer das als fokal anzusehende Rationalitätskriterium gelten soll.[115] Ferner bedarf es einer Durchsetzungskraft dieses Handlungskriteriums gegenüber anderen, möglicherweise kontradiktorischen Maximen. Dies geschieht durch Sanktionsmittel, ferner vermöge der Verarbeitung von Folgen und

---

109 Walzer 1999, S. 59. – Mit der positiven Auszeichnung einer Reformpolitik und eines „Reformhandwerks" ist sich Walzer mit Rorty einig.

110 Referenzpersonen für diese Auffassung sind u.a. Ralph Waldo Emerson und Max Weber.

111 Siehe auch Walzer 2005.

112 Lepsius 1995.

113 Lepsius 1995, S. 400.

114 Siehe auch Lepsius 1997, S. 58ff.

115 Mit der Folge, dass Probleme, die den Rationalitätskriterien zur Problembearbeitung nicht entsprechen, externalisiert werden, woraus opponierende Haltungen und Handlungen entstehen können.

Kontingenzen, die durch Institutionalisierungsprozesse ausgelöst werden. Schließlich sind Modi der Konfliktaustragung und Vermittlung zwischen verschiedenen und gegensätzlichen institutionalisierten Leitideen zu erarbeiten und einzurichten.[116] Der europäische Integrationsprozess liefert dafür ein gutes Beispiel: Aus der Leitidee der Wohlfahrtssteigerung durch Vergrößerung des Marktes entstanden immer neue Anwendungsfelder für die Geltung der konsentierten Rationalitätskriterien. Jedoch sind die Mitgliedstaaten immer weniger in der Lage, die Folgen und Kontingenzen selbst zu verarbeiten, sodass eine Kompetenzerweiterung der Europäischen Gemeinschaft unumgänglich wurde. Die Rationalitätskriterien mussten erweitert, neue Leitideen institutionalisiert werden. Eine Konsequenz könnte sein, dass in the long run aus dem Zweckverband ein Herrschaftsverband mit im Prinzip universaler Regelungskompetenz wird. Für den weiteren Prozess können nicht mehr nur Effizienzargumente in Betracht kommen, sondern es sind normative Entscheidungen zu fällen.[117]

Des Weiteren kommt es in der Hochmoderne und insbesondere im europäischen Kontext zu einem Regieren in entgrenzten Räumen. Hier kommen zahlreiche neue Modi in Betracht, die sich analytisch unter dem Gesichtspunkt eines „reflexiven Institutionalismus" bündeln und subsumieren lassen.[118] Die politischen Geltungsräume sind durch Mehrebenensysteme im europäischen Integrationsprozess nicht mehr klar begrenzt und werden je nach Materie tendenziell uneinheitlich. Die Entgrenzungsprozesse sind gleichwohl mit institutionellen Verknüpfungen verbunden und generieren neue systemische Zusammenhänge, die sich in modifizierten soziopolitischen und soziokulturellen Praktiken sedimentieren. Im EU-Gesamtprozess kommen konkordanzdemokratische Muster zum Tragen und damit veränderte Rationalitätsmythen, die resonanzfähig sein müssen in Bezug auf die mental-kognitive Dimensionalität. Andererseits ist festzuhalten, dass Konkurrenz und Konkordanz sich keinesfalls ausschließen (gerade die Bundesrepublik verfügt in dieser Hinsicht über ein fein durchmischtes Gesamtsystem).

Ein analytisch gebotener reflexiver institutionentheoretischer Ansatz ist mit einem konstruktivistischen Politikverständnis gekoppelt. Die

---

[116] Lepsius 1995, S. 395f., 399f.

[117] Lepsius 1995, S. 400ff.

[118] Vgl. Kohler-Koch/Edler 1998, ferner ausführlich Edler 2000.

neue plurale und prozessuale Vergemeinschaftung einzelner Politikfelder setzt Modifikationen der Handlungsorientierungen seitens der zentralen Akteure voraus, die durch Vernetzung und Regimebildung entstehen. Im Rahmen eines kreierten und vereinbarten Ordnungssystems, wie es die EU als ausgehandelte Vertragsgemeinschaft darstellt, laufen Formierungsprozesse ab, die zunächst subkutan bzw. schleichend ablaufen, aber urplötzlich zu Neuinstitutionalisierungen führen, bemerkenswerterweise lange bevor die rechtlichen Grundlagen gelegt wurden.[119]

Gemeinschaftsbildung und Institutionengenerierung sind von Leitideen abhängig, die kriterienbildend sind für die Problembearbeitung und Interessenvermittlung. Es handelt sich zugleich um soziopolitische Prozesse, die neue politische Räume erschließen.[120] Der europäische Integrationsprozess hat bestimmte Typisierungen herausgebildet und eine graduelle Systemveränderung initiiert, nämlich weg von einem bloßen Staatenverbund und hin zu einem Gesamtsystem. Hierbei spielen aufgrund von Heterogenität und Diversität sowie strukturell unterschiedlicher Ausgangslagen konkordanzdemokratische Ausprägungen[121] eine zentrale Rolle, insbesondere im Hinblick auf eine Konsensualisierung statt einer Majorisierung. Politisch-praktisch geht es „um eine möglichst gelungene Koordinierung divergierender Interessen zwecks Maximierung des gemeinsamen Nutzens. Die Heterogenität der Präferenzen ist eine anerkannte Tatsache und gleichzeitig eine normative Schranke. Die Autonomie der Mitglieder wird als ein achtenswertes Gut eingestuft, sodass in wichtigen Fragen um einen alle umfassenden Konsens gerungen wird."[122] Transnationale Kooperationsmuster sind in homologer Weise anschlussfähig und in sequenzieller Weise integrationsfördernde starke Kopplungen herstellbar. Die politische Konsensbildung in der EU verläuft über Interaktionsbeziehungen und konzeptionelle Leitideen, die zusammen eine gerichtete Variabilität bewirken. Normative Integration gelingt vor allem dann, „wenn der symbolische Ausdruck der gemeinsamen Wertvorstellungen nicht allzu provokativ von den Wertvorstellungen der Bürger abweicht."[123]

---

119 Kohler-Koch/Edler 1998, S. 174.
120 Kohler-Koch/Edler 1998, S. 174.
121 Vgl. hierzu Waschkuhn 2002, S. 136ff.
122 Kohler-Koch/Edler 1998, S. 178.
123 Göhler 2002, S. 234.

Konstruktion und Interpretation, Problemdefinition und Problembearbeitung, reziproke Erwartungen und kompatible Wertbegründungen führen erweiterte Bereiche von Allgemeinverbindlichkeit herbei, die die weitere Wünschbarkeit und Sinnhaftigkeit von Handlungsaspirationen und Handlungswegen befördern und damit die Komplexität steigern. Die Verknüpfung von Interessen, Ideen, Handlungen und Empfindungen stabilisiert sich und führt zur Kontinuität von Strukturierungsleistungen. Die konzeptionelle Weiterentwicklung im Handlungsverbund und die Ausrichtung auf neue Handlungsräume ereignen sich in aktiver dynamischer Wechselwirkung.[124] Die interaktive Gestaltung von Politikkonzepten seitens multipler Akteure und unter Einbezug der Adressaten von Politikangeboten generiert mehr und mehr diskursive und deliberative Modi der Politikformulierung. Das Telos könnte bei gelungenen Prozessabläufen – Rahmen- und Programmkonstruktion durch schrittweise Einbindung und Begründung von eigenen Handlungslogiken durch Ideendiffusion und Systementwicklung – so lauten: „Letzten Endes führt die Dynamik der Policy-Vergemeinschaftung dazu, dass staatliche wie nichtstaatliche Akteure im Politikfeld sich nun in einem von Binnengrenzen befreiten europäischen Raum bewegen."[125]

Allerdings sind auch Gefährdungen und Lernpathologien in Rechnung zu stellen. Zwar ist die Funktionalität von governance durch Einbindung und Verständigung selbstevident, aber die Kontinuierung und Folgebereitschaft ist nicht einfach vorauszusetzen und steht immer wieder vor Anschlussproblemen, denn es können sich Pfadabhängigkeiten ausbilden, die resistent sind gegen Ausweitungen des Zielkatalogs oder den Fortgang prozeduraler Ausgestaltung blockieren. Die innere Logik des jeweiligen Politikkonzepts kann auch interaktiv zementiert werden und die Verstetigung kognitiver Orientierungen kann aus dem „Pfad" einen „Tunnel" werden lassen, wodurch „Dysfunktionalitäten perpetuiert, notwendige Anpassungen verpasst oder neue, aus anderen Bereichen legitimierte Ansprüche regelmäßig abgeblockt werden."[126] Ferner neigen Einbindungsstrategien stets zur Selektivität, sodass Programminhalte womöglich überproportional „die Vorstellungswelt und Interessenstrukturen

---

[124] Kohler-Koch/Edler 1998, S. 179f.
[125] Kohler-Koch/Edler 1998, S. 182.
[126] Kohler-Koch/Edler 1998, S. 201.

der eingebundenen Akteure widerspiegeln".[127] Der reflexive Liberalismus kann hier durchaus prohibitiv wirken. Ihm ist geläufig, dass ordnungspolitische Vorstellungen nicht interessenneutral sind, weswegen er im Hinblick auf inhärente Abschließungseffekte besonders aufmerksam ist, Steuerungspathologien schon in Rücksicht auf hohe Transaktionskosten vermeiden will.

Der reflexive Liberalismus ist ständig auf Selbstfindungskurs, um Freiheit und humane Gleichheit zusammen zu bewahren und zu steigern. Da kein Liberalisierungsprozessor in einem Stück oder ein ausschließliches Movensprinzip auszumachen ist, kommt es auf das wohlwollende Zusammenhandeln der Menschen in Gesellschaft an.[128] Der reflexive Liberalismus will Handlungen koordinieren, spontane Ordnungen und kooperative Systeme im Rahmen einer aktiven Demokratie befördern. Nicht exogene Direktiven, sondern intrinsische Motivationen setzen Kreativität und Phantasie frei. Selbstständiges Handeln und Eigeninitiative können sich in diesem Kontext als selbstbelohnend erweisen und bedürfen nicht unbedingt materieller Anreize, weil bereits soziale Anerkennung ein hohes Gut ist. Anerkennung, Kooperation und Wettbewerb heben die Anspruchsniveaus segmentär und wechselseitig an, ermöglichen Lernprozesse und Selbsttransformationen. Hierfür kommen stets auch weitere Einflussfaktoren in Betracht, die – wie gesagt – schon Machiavelli (bereits im 16. Jahrhundert) als aufeinander verwiesen herausgearbeitet hat: *virtù* (Handlungskompetenz, Energie und zivile Tugenden), *fortuna* (auch im Sinne von Kontingenz), *necessità* (als Zwang der Lage) und *occasione* (situativ-konstellative Gelegenheitsstrukturen). Nicht immer kommt es zu günstigen Kombinationen der Variablen und es fehlen häufig auch die Handlungsmöglichkeiten, aber im Orientierungsentwurf des reflexiven Liberalismus sind die Grund- und Rahmenbedingungen gegeben und die Potenziale angelegt, auch die Defizienzen und Restriktionen überwinden zu können.

Der reflexive Liberalismus ist zwar eine politische Option neben anderen, aber sie ist unserer Ansicht nach besonders vorzugswürdig.

---

[127] Kohler-Koch/Edler 1998, S. 202.

[128] Siehe auch Zintl 2002, S. 176, wo ebenso die Geltung von Regeln als „meist nicht durch die Hand Gottes oder einen entsprechend programmierten Automaten bewirkt" angesehen oder gedacht wird, sondern aufgrund der immer wieder durchschlagenden Sozialität „durch das Handeln von Personen".

Denn der reflexive Liberalismus hat Lust an kontrollierter Veränderung, ist an konkreten Problemlösungen interessiert, berücksichtigt eine bessere Zukunftsvorsorge, will eine Selbstaufklärung in Bezug auf demokratische Möglichkeiten bewirken und damit gesamtgesellschaftliche Lernpathologien verhindern. Der reflexive Liberalismus wendet sich gegen „eine so gut wie absorptive Identifikation des Politischen mit dem Staat"[129], wie es vor allem in Deutschland Tradition ist.[130] Die staatskategoriale Zentrierung wird prozessual aufgehoben und in politisch-kulturelle wie sozialpraktische Kontexte gestellt.[131] Auch wenn „der Staat" sein Politikmonopol verliert, was in einer offenen, pluralen und dynamischen Gesellschaft nur folgerichtig ist, ist damit keine Unordnung verbunden. So ist nach Hannah Arendt ein Neues zu beginnen und aus Irrtümern zu lernen der Ausdruck von Handlungsfreiheit und Weltoffenheit der Menschen: „Und was sich ihnen eröffnet, ist die Welt als das mit anderen Menschen Gemeinsame."[132] Es wird immer die Sozialität sein, die uns einbettet.

Der reflexive Liberalismus setzt auf freiwillige Assoziationen und reflexive Kooperation, auf systematische Voraussicht und einen lebendigen Sinn für vielfältige neue Welten, die sich aus der gesellschaftlichen Selbstorganisation im Kontext multipler Modernen entwickeln. Er ist erfahrungs- und zukunftsorientiert und in freiheitlicher Weise an offener Weltbegegnung und bedeutungsreichen Interaktionszusammenhängen nicht nur interessiert, sondern erachtet diese als lebensnotwendig. Ein reflexiver Liberalismus will die Selbstzentriertheit aufheben und setzt insgesamt auf den Austausch von Interessen und Denkerfahrungen. Er setzt sich für eine gerichtete Variabilität ein, ohne dabei deterministischen

---

[129] Vollrath 2003, S. 13.

[130] Frankreich ist ebenfalls an einem zentralen „Staat an sich" orientiert, während beispielsweise England und später die Vereinigten Staaten eher zivilgesellschaftlich geprägt sind. Hier fallen bürgerliche (civic) und politische (political) Freiheit nicht per se auseinander. Ferner tritt der Staat nicht als eine „universal-reale Person" auf bzw. wird so verstanden.

[131] In Bezug auf die Frage „Was ist Politik?" kann – wie oben angeführt – die definitorische Antwort lauten: „Politik ist der Prozess der Herstellung allgemein verbindlicher und gemeinschaftsrepräsentativer Entscheidungen zur Lösung öffentlicher Probleme bei nicht vorauszusetzendem Konsens." Waschkuhn 2005a, S. 88. Entscheidend ist der Herstellungsprozess, der sich nicht auf das politisch-administrative System beschränkt.

[132] Vollrath 2003, S. 193.

Annahmen zu unterliegen, weil sich die jeweiligen Orientierungen und Strukturierungen zur Hauptsache aus der Prozessualität und Reziprozität ergeben sollen, was auch unterschiedliche Beobachterperspektiven gesellschaftlicher Wirklichkeit voraussetzt. Der reflexive Liberalismus optiert für integrative Praktiken und ein problemorientiertes Reformhandwerk. Aber gerade der reflexive Liberalismus weiß um die innovative Kraft situierter Kreativität und den immensen Erfindungsreichtum aufgrund menschlich-gesellschaftlicher Phantasie. Er vertraut auf die sinnliche Intelligenz, die in einer offenen Gesellschaft am besten aufgehoben ist und zum sozialproduktiven wie gelegentlich auch visionären Zusammenhandeln einlädt. Aber schlussendlich ist der reflexive Liberalismus eine Konzeption, die aufrichtiger und im Grunde auch bescheidener ist als viele Ansätze, die immer wieder in der Umsetzung und Anwendung zu Zwangsbeglückungsmaßnahmen neigen, weil sie vorgeben, den archimedischen Punkt allen Wissens und Strebens ein für allemal gefunden zu haben. Hingegen hält der reflexive Liberalismus, dem vor allem daran gelegen ist, nicht grausam und diskriminierend zu sein, daran fest, dass es keinen unabhängigen Grund, kein unbedingtes Prinzip oder letzten Beweis für unverbrüchlich richtiges Handeln gibt bzw. wir davon auch nicht verlässlich wissen können. Ferner opponiert der reflexive Liberalismus gegen die Nivellierung durch den „gesunden Menschenverstand" resp. eine „Tyrannei der Mehrheit" und regt immer wieder zu Differenzierungen und bislang ungeläufigen Interpretationen von Textsorten und Geschehnissen an. Neuschöpfungen und Neubeschreibungen sorgen immer wieder für neue Anfänge und Selbsterfindungen, stellen Dynamik her und generieren, wenn es gut läuft, eine wohlgeordnete Gesellschaft, die immer wieder belebt, verbessert und neu gestaltet werden muss. Wir sollten insofern „moralischen und intellektuellen Fortschritt nicht als eine Annäherung an ein immer schon bestehendes Ziel betrachten ..., sondern als einen Prozess der Selbsterschaffung – einen Prozess, bei dem uns immer umfassendere und bessere dialektische Synthesen gelingen, die wir wiederum in unser Selbstbild aufnehmen, sodass wir auf diesem Weg zu einer Erweiterung unserer selbst kommen."[133] Die menschliche Zukunft kann auf diese Weise ergiebiger gemacht werden als die menschliche Vergangenheit, und zwar „ergiebiger in dem Sinne, dass die Menschen

---

[133] Rorty 2000b, S. 8.

sich dann mehr vorstellen und mehr tun können." Für Richard Rorty sollten wir statt der etwas irreführenden Devise „Wahrheit macht frei" lieber das Motto setzen: „Unsere Fähigkeit, die Dinge in neuen Begriffen zu beschreiben, wird uns reicher, vielfältiger und interessanter machen, als wir es bislang waren."[134] Völlig unprosaisch können wir (ebenfalls mit Rorty) davon ausgehen, dass der reflexive Liberalismus ein wichtiger Schritt ist für weniger Unwissenheit und notabene auch mehr Lebensfreude.

[134] Rorty 2000b, S. 9.

Literatur

Aaken, A.v. (2004), „Deliberative Institutional Economics, or Does Homo Oeconomicus Argue? A Proposal For Combining New Institutional Economics With Discourse Theory"; in: Aaken, A.v./List, C./Luetge, C. (Eds., 2004), S. 3–32.

Aaken, A.v./List, C./Luetge, C. (Eds., 2004), Deliberation and Decision. Economics, Constitutional Theory and Deliberative Democracy, Ashgate.

Adloff, F. (2005), Zivilgesellschaft, Frankfurt/M.

Adloff, F./Birsl, U./Schwertmann, P. (Hrsg., 2005), Wirtschaft und Zivilgesellschaft, Wiesbaden.

Alemann, U.v./Heinze, R.G./Wehrhöfer, U. (Hrsg., 1999), Bürgergesellschaft und Gemeinwohl, Opladen.

Arendt, H. (1996), Vita activa oder Vom tätigen Leben, München.

Aretz, H.-J. (2005), Die Relevanz von Wertverpflichtungen bei der Bereitstellung öffentlicher Güter, in: Zeitschrift für Soziologie 34, S. 326–343.

Auer, D. (2004), Politisierte Demokratie. Richard Rortys politischer Antiessentialismus, Wiesbaden.

Bader, N. (2000), Die Entwicklung des modernen Republikanismus in der Neuzeit, Norderstedt.

Barber, B. (1994), Starke Demokratie. Über die Teilhabe am Politischen, Hamburg.

Beck, U. (1993), Die Erfindung des Politischen, Frankfurt/M.

Bermbach, U. (1988), Einleitung zu: Hume, D., Politische und ökonomische Essays, in: Teilbd. 1, Hamburg, S. VII-XLV.

Beyme, K. v. (1996), Theorie der Politik im 20. Jahrhundert, 3. Aufl. Frankfurt/M.

Blickle, P./Moser, R. (Hrsg., 1999), Traditionen der Republik – Wege zur Demokratie, Bern.

Bock, Gisela u.a. (1990), Machiavelli and Republicanism, Cambridge.

Boeri, T. / Börsch-Supan, A. / Tabellini, G. (2001), "Would You Like to Shrink the Welfare State? A Survey of European Citizens"; in: Economic Policy, 16 (32), 9 – 50.

Bornschier, V. (2005a), Varianten des Kapitalismus in reichen Demokratien beim Übergang in das neue Gesellschaftsmodell, in: Windolf, P. (Hrsg.), Finanzmarkt-Kapitalismus, Wiesbaden, S. 331–371.

Bornschier, V. (2005b), Culture and Politics in Economic Development, London.

Breier, K.-H. (2003), Leitbilder der Freiheit, Schwalbach/Ts.

Brennan, G./Buchanan, J.M. (1985), The Reason of Rules. Constitutional Political Economy, Cambridge University Press.

Brugger, B. (1999), Republican Theory in Political Thought, New York.

Brunkhorst, H./Niesen, P. (Hrsg., 1999), Das Recht der Republik, Frankfurt/M.

Buchanan, J.M. (1984), Die Grenzen der Freiheit. Zwischen Anarchie und Leviathan, Tübingen (Mohr).

Buchanan, J. M. (1987), "The Constitution of Economic Policy", American Economic Review, Vol. 77, 243 – 250.

Buchstein, H./Schmalz-Bruns, R. (1992), Gerechtigkeit und Demokratie, in: Politische Vierteljahresschrift 33, S. 375–398.

Cicero, M.T. (1993), Die politischen Reden, 3 Bde., Düsseldorf.

Cohen, J. (1997), "Deliberation and Democratic Legitimacy", in: Bohman, W./ Rehg, W. (Eds.), Deliberative Democracy. Essays on Reason and Politics, Cambridge (Mass.), MIT Press., 67 – 91.

Dagger, R. (1997), Civic Virtues, New York.

Dahl, R. A. (1989), Democracy And Its Critics, New Haven and London (Yale University Press).

Dahl, R. (2000), On Democracy, Neuausg. New Haven.

Deutsch, K.W. (1973), Politische Kybernetik, 3. Aufl. Freiburg i.Br.

Deutsch, K.W. (1976), Staat, Regierung, Politik, Freiburg i.Br.

Deutsch, K.W. (1980), Der Westen – seine Merkmale und seine Strategien der Zukunft, in: Brauchlin, E. u.a. (Hrsg.), Die Zukunft der westlichen Gesellschaft, Bern, S. 43–62.

Dewey, J. (1996), Die Öffentlichkeit und ihre Probleme, Nachdr. Bodenheim.

Dubiel, H. (1994), Ungewissheit und Politik, Frankfurt/M.

Economic Freedom of the World, 2004 and 2005, Annual Report, ed. by

Gwartney, J. and Lawson, R., The Fraser Institute, published by The Liberal Institute of the Friedrich Naumann Foundation, Berlin (ESM).

Edler, J. (2000), Institutionalisierung europäischer Politik, Baden-Baden.

Eisenach, E.J. (2002), Narrative Power and Liberal Truth, Lanham.

Elster, J. (1997), „The Market and the Forum: Varieties of Political Theory"; in: Bohman, J./Rehg, W. (Eds.), *Deliberative Democracy. Essays on Reason and Politics*, Cambridge (MIT Press), 3 – 33.

Epstein, R.A. (2003), Scepticism and Freedom, Chicago.

Fabio, U. Di (2005), Die Kultur der Freiheit, München.

Federalist Papers (= Hamilton, A., Madison, J., Jay, J.) (1993), Die Federalist Papers, Darmstadt.

Fraenkel, E. (1991), Deutschland und die westlichen Demokratien, Neuausg. Frankfurt/M.

Gelderen, M.v./Skinner, Q. (Eds., 2003), Republicanism, 2 Bde., Cambridge.

Giannotti, D. (1997), Die Republik Florenz, München.

Giddens, A. (1995), Konsequenzen der Moderne, Frankfurt/M.

Göhler, G. (2002), Stufen des politischen Vertrauens, in: Schmalz-Bruns, R./ Zintl, R. (Hrsg.), Politisches Vertrauen, Baden-Baden, S. 221–228.

Greiffenhagen, M. (1999), Kulturen des Kompromisses, Opladen.

Guillén, M.F./Collins, R./England, P./Meyer, M. (Hrsg. 2002), The New Economic Sociology, New York.

Habermas, J. (1992), Faktizität und Geltung, Frankfurt/M.

Harrington, J. (1991), Oceana, Leipzig.

Hayek, F. A. v. (1945), "The Use of Knowledge in Society", in: American Economic Review, 35, 519 – 530.

Hayek, F.A.v. (1960/1991), Die Verfassung der Freiheit, Mohr (Tübingen).

Hayek, F. A. v. (1967), Studies in Philosophy, Politics and Economics, Chicago (University of Chicago Press).

Hayek, F.A.v. (1967a), „Grundsätze einer liberalen Gesellschaftsordnung"; in: Hayek (1969), S. 108–125.

Hayek, F. A. v. (1969), Freiburger Studien. Gesammelte Aufsätze von F.A. v. Hayek, Tübingen (Mohr).

Hinsch, W. (1994), Einleitung, in: Rawls, J., Die Idee des politischen Liberalismus, Frankfurt/M., S. 1–44.

Hinsch, W. (1997), Politischer Konsens in einer streitbaren Welt, in: Zur Idee des politischen Liberalismus. John Rawls in der Diskussion, hrsg. von der Philosophischen Gesellschaft Bad Homburg und W. Hinsch, Frankfurt/M., S. 9–38.

Honneth, A. (1994), Kampf um Anerkennung, Frankfurt/M.

Hondrich, K.O. (2001), Der Neue Mensch, Frankfurt/M.

Honohan, I. (2002), Civic Republicanism, London.

Hoppe, H.-H. (2003), Demokratie. Der Gott, der keiner ist, Waltrop-Leipzig.

Hoppe, H.-H. (2005), Privateigentum als Basis von Freiheit und friedlicher Kooperation, in: Neue Zürcher Zeitung, Internationale Ausgabe, Nr. 219 vom 20. September, S. 19.

Hulliung, M. (2002), Citzens and Citoyens, Cambridge.

Hume, D. (1988), Politische und ökonomische Essays, 2 Teilbde., Hamburg.

Joas, H./Knöbl, W. (2004), Sozialtheorie, Frankfurt/M.

Kant, I. (1991), Werkausgabe, hrsg. von Weischedel, W., 12 Bde., Neuausg. 6.–8. Aufl. Frankfurt/M.

Kaufmann, M. (1999), Aufgeklärte Anarchie, Berlin.

Kessler, H. (Hrsg., 1996), Ökologisches Weltethos im Dialog der Kulturen und Religionen, Darmstadt.

Kirsch, G. (2005), Angst in Deutschland, in: Frankfurter Allgemeine Zeitung, Nr. 229 vom 1. Oktober, S. 15.

Knight, J. (2001), "A Pragmatist Approach to the Proper Scope of Government", in: Journal of Institutional and Theoretical Economics, 157, 28–48.

Kohler-Koch, B./Edler, J. (1998), Ideendiskurs und Vergemeinschaftung, in: Kohler-Koch, B. (Hrsg.), Regieren in entgrenzten Räumen, Opladen, S. 169–206.

Koppl, R. (Ed. 2003), Austrian Economics and Entrepreneurial Studies, Advances in Austrian Economics, Amsterdam.

Krebs, A. (2004), "Gleichheit ohne Grenzen? Die Kosmopolitische Überforderung"; in Konformation Philosophie, Dezember 2004, 7 – 13.

Küng, H. (1997), Weltethos für Weltpolitik und Weltwirtschaft, 2. Aufl. München.

Küng, H./Kuschel, K.-J. (Hrsg., 1998), Wissenschaft und Weltethos, München.

Kuschel, K.-J./Pinzani, A./Zillinger, M. (Hrsg., 1999), Ein Ethos für eine Welt? Globalisierung als ethische Herausforderung, Frankfurt/M.

Ladeur, K-H. (2000), Negative Freiheitsrechte und gesellschaftliche Selbstorganisation. Die Erzeugung von Sozialkapital durch Institutionen. Tübingen (Mohr).

Ladeur, K.-H. (2006), Der Staat gegen die Gesellschaft. Zur Verteidigung der Rationalität der "Privatrechtsgesellschaft", Tübingen (Mohr).

Layard, R. (2005), Die glückliche Gesellschaft, Frankfurt/M.

Lepsius, R. (1995), Institutionenanalyse und Institutionenpolitik, in: Nedelmann, B. (Hrsg.), Politische Institutionen im Wandel, Opladen, S. 392–403.

Lepsius, R. (1997), Institutionalisierung und Deinstitutionalisierung von Rationalitätskriterien, in: Göhler, G. (Hrsg.), Institutionenwandel, Opladen, S. 57–69.

Lindbeck, A. (1995) "Welfare State Disincentives with Endogenous Habits and Norms", Scandinavian Journal of Economics, 97, 477 – 494.

Llanque, M. (2003), Der Republikanismus. Geschichte und Bedeutung einer politischen Theorie, in: Berliner Debatte Initial 14, S. 3–15.

Lösche, B. (2005), Deliberative Politik, Münster.

Luhmann, N. (1981), Politische Theorie im Wohlfahrtsstaat, München.

Luhmann, N. (2000), Die Politik der Gesellschaft, Frankfurt/M.

Machiavelli, N. (1990), Politische Schriften, hrsg. von H. Münkler, Frankfurt/M.

Margalit, A. (1999), Politik der Würde. Über Achtung und Verachtung, Neuausg. Frankfurt/M.

Marshall, Th.H. (1950), Citizenship and Social Class, Cambridge.

Maynor, J.W. (2003), Republicanism in the Modern World, Cambridge.

Meyer, T. (mit Hinchman, L.) (2005a), Theorie der Sozialen Demokratie, Wiesbaden.

Meyer, T. (mit Breyer, N.) (2005b), Die Zukunft der Sozialen Demokratie, Bonn.

Montesquieu (1992), Vom Geist der Gesetze, 2 Bde., 2. Aufl. Tübingen.

Münch, R. (1984), Die Struktur der Moderne, Frankfurt/M.

Münkler, H. (1992), Die Chancen der Freiheit, München.

Murphy, D.D. (2004), The Structure of Regulatory Competition, Oxford.

Nelson, E. (2002), The Greek Tradition in Republican Thought, Bd. 1, Cambridge.

North, D.C. (2005), Understanding the Process of Economic Change, Princeton/Oxford.

Nozick, R. (1974), Anarchy, State, and Utopia, New York.

Nunner-Winkler, G. (2005), Anerkennung moralischer Normen, in: Heitmeyer, W./Imbusch, P. (Hrsg.), Integrationspotenziale einer modernen Gesellschaft, Wiesbaden, S. 157–178.

Nussbaum, M.C. (1993), Menschliches Tun und soziale Gerechtigkeit, in: Brumlik, M./ Brunkhorst, H. (Hrsg.), Gemeinschaft und Gerechtigkeit, Frankfurt/M., S. 323–361.

Paine, T. (1973), Die Rechte des Menschen, Frankfurt/M.

Parsons, T. (1975), Gesellschaften. Evolutionäre und komparative Perspektiven, Frankfurt/M.

Parsons, T. (1982), On Institutions and Social Evolution, hrsg. von L.H. Mayhew, Chicago.

Pettit, P. (1997), Republicanism, Oxford.

Pfordten, D.v.d. (2001), Rechtsethik, München.

Pitkin, H.F. (1967), The Concept of Representation, Berkeley.

Pocock, J.G.A. (2003), The Machiavellian moment, Neuausg. Princeton.

Popper, K.R. (1996), Alles Leben ist Problemlösen, Neuausg. München.

Rawls, J. (1993), Political Liberalism, New York (Columbia University Press).

Rawls, J. (1994), Die Idee des politischen Liberalismus, Frankfurt/M.

Rawls, J. (1998), Politischer Liberalismus, Frankfurt/M.

Reese-Schäfer, W. (1997), Grenzgötter der Moral, Frankfurt/M.

Rehberg, K.-S. (1994), Institutionen als symbolische Ordnungen, in: Göhler, G. (Hrsg.), Die Eigenart der Institutionen, Baden-Baden, S. 47–84.

Reinalter, H. (Hrsg., 1999), Republikbegriff und Republiken seit dem 18. Jahrhundert im europäischen Vergleich, Frankfurt/M.

Richter, E. (2004), Republikanische Politik. Demokratische Öffentlichkeit und politische Moralität, Reinbek b. Hamburg.

Rorty, R. (1993), Kontingenz, Ironie und Solidarität, Frankfurt/M.

Rorty, R. (1999), Stolz auf unser Land, Frankfurt/M.

Rorty, R. (2000a), Die Schönheit, die Erhabenheit und die Gemeinschaft der Philosophen, Frankfurt/M.

Rorty, R. (2000b), Philosophie und die Zukunft, Frankfurt/M.

Rorty, R. (2000c), Wahrheit und Fortschritt, Frankfurt/M.

Rousseau, J.-J. (1996), Werke in vier Bänden, 2. Aufl. München.

Sandel, M. (1995), Liberalismus oder Republikanismus, Wien.

Schefczyk, M. (2003), Umverteilung als Legitimationsproblem, München (Alber).

Schirm, S. (2005), Der Einfluss von Interessen und Normen auf nationale Positionen zur Global Economic Governance, in: Zeitschrift für Politikwissenschaft 15, S. 825–847.

Schmalz-Bruns, R. (1995), Reflexive Demokratie, Baden-Baden.

Schmidt, M.G. (2000), Demokratietheorien, 3. Aufl. Opladen.

Schönherr, H.-M. (2005), Sartre. Philosophie als Lebensform, München.

Senghaas, D. (2005), Karl W. Deutsch, in: Bleek, W./Lietzmann, H.J. (Hrsg.), Klassiker der Politikwissenschaft, München, S. 237–250.

Shils, E. (1997), The Virtue of Civility, Neuausg. Indianapolis.

Skinner, Q. (2002), The Foundations of Modern Political Thought, 11. Aufl. Cambridge.

Smith, A. (1777/1924), Der Reichtum der Nationen. Herausgegeben von Heinrich Schmidt, Leipzig (Körner).

Sullivan, V. (2004), Machiavelli, Hobbes, and the Formation of a Liberal Republicanism in England, Cambridge.

Tessitore, A. (Hrsg., 2002), Aristotle and Modern Politics. The Persistence of Political Philosophy, Notre Dame.

Thaler, R. /Sunstein, C. (2003), „Libertarian Paternalism", American Economic Review (Papers and Proceedings) 93(2), 175–179.

Tocqueville, A. (1987), Über die Demokratie in Amerika, 2 Bde., Zürich.

Ulrich, P. (2005), Bürgerfreiheit und zivilisierte Marktwirtschaft. Wider den Gegensatz von „liberal" und „sozial" in : Neue Zürcher Zeitung, Internationale Ausgabe, Nr. 244 vom 19. Oktober, S. 11.

Vanberg, V.J. (2005), Der Staat in einer liberalen Gesellschaft, in: Neue Zürcher Zeitung, Internationale Ausgabe, Nr. 124 vom 31. Mai, S. 18.

Vanberg, V./ Buchanan, J.M. (1989), "Interests And Theories In Constitutional Choice"; in: Journal of Theoretical Politics, 1 (1), 39 – 62.

Viroli, M. (2000), Das Lächeln des Niccolò, Zürich.

Viroli, M. (2002), Die Idee der republikanischen Freiheit, Zürich.

Vis, B. / Kersbergen, K.v. (2007), "Why And How Do Political Actors Pursue Risky Reforms?"; in: Journal of Theoretical Politics, 19 (2), 153 – 172.

Vollrath, E. (2003), Was ist das Politische? Eine Theorie des Politischen und seiner Wahrnehmung, Würzburg.

Walzer, M. (1994), Sphären der Gerechtigkeit, Studienausg. Frankfurt/M./New York.

Walzer, M. (1999), Vernunft, Politik und Leidenschaft, Frankfurt/M.

Walzer, M. (2004), Politics and Passion. Toward a More Egalitarian Liberalism, New Haven.

Walzer, M. (2005), Mut, Mitleid und ein gutes Auge, in: Deutsche Zeitschrift für Philosophie 33, S. 709–718.

Waschkuhn, A. (1987), Politische Systemtheorie, Opladen.

Waschkuhn, A. (1995), Was ist Subsidiarität?, Opladen.

Waschkuhn, A. (1998), Demokratietheorien, München/Wien.

Waschkuhn, A. (2001), Pragmatismus, München/Wien.

Waschkuhn, A. (2002), Grundlegung der Politikwissenschaft, München/Wien.

Waschkuhn, A. (2005a), Theorie der modernen Demokratie und die Notwendigkeit eines komplexen Demokratie-Lernens, in: Himmelmann, G./Lange, D. (Hrsg.), Demokratiekompetenz, Wiesbaden, S. 88–99.

Waschkuhn, A. (2005b), Regimebildung und Netzwerke, Berlin.

Waschkuhn, A. (2006), Denationalisierung und zivile Tugenden. Liberaler Republikanismus und normativer Individualismus in der Hochmoderne, Baden-Baden.

Watrin, C. (2005), Die Freiheit als Anker eines Gesamtsystems, in: Neue Zürcher Zeitung, Internationale Ausgabe, Nr. 225 vom 27. September, S. 17.

Wegner, G. (2005), "Political Learning – The Neglected Dimension of Liberal Constitutional Reform"; in: Constitutional Political Economy, 15, 339–358.

Wegner, G. (2008), Political Failure by Agreement. Learning Liberalism and the Welfare State, Cheltenham (Elgar).

Welzel, C. (2002), Fluchtpunkt Humanentwicklung, Wiesbaden.

Ziegler, K.-H./Brieskorn, N./Senghaas, D./Waldenfels, H. (Hrsg., 2000), Weltordnungspolitik für das 21. Jahrhundert, Stuttgart.

Zintl, R. (1983), Individualistische Theorien und die Ordnung der Gesellschaft. Untersuchungen zur politischen Theorie von J. M. Buchanan und F. A. v. Hayek, Berlin.

Zintl, R. (2002), Rationalität und Moralität politischen Vertrauens, in: Schmalz-Bruns, R./ders. (Hrsg.), Politisches Vertrauen, Baden-Baden, S. 171–190.

Bei Fragen zur Produktsicherheit wenden Sie sich bitte an:
If you have any questions regarding product safety,
please contact:

Walter de Gruyter GmbH
Genthiner Straße 13
10785 Berlin
productsafety@degruyterbrill.com